문화문해교육 시리즈 1

영유아 문화문해교육의 이해

최윤정 · 안소영 · 최수경 공저

학지사

머리말

"Since 2002". 이 책『영유아 문화문해교육의 이해』의 출발점은 월드컵 열기로 뜨거웠던 지난 2002년으로 거슬러 올라간다. 대학과 대학원에서 유아교육을 전공하고 유치원, 어린이집 교사로 근무한 경험이 있는 3인의 연구자가 '보다 깊이 있고 창의적인 유아교육 프로그램'을 개발해 보자는 공동의 목적을 가지고 연구를 시작한 해가 바로 2002년이다. 그 후 2019년 현재에 이르기까지 17년간 변함없는 열정으로 초심을 잃지 않고 쉼 없이 달려왔다. 되돌아보면 그토록 긴 시간을 달려올 수 있었던 힘은 이 세상 아이들에게 〈피터팬〉에 나오는 '네버랜드'와 같은 세상을 만들어 주고 싶었던 우리들의 마음이었다. 이 세상 모든 아이는 빈부격차 없이 꿈과 희망을 가지고 살아갈 권리가 있으며, 그런 세상을 스스로 만들어 나갈 힘이 있다고 우리는 굳게 믿는다.

영유아가 행복하고 창의적으로 살아갈 수 있게 하는 교육방법을 모색하던 중, 연구팀은 문화예술교육에 관심을 가지게 되었다. 그러나 연구자들이 다년간 공부하고 익힌 유아교육 관련 이론과 실제 현장 경험만으로는 창의적인 문화예술 프로그램을 개발하기에 한계가 있음을 깨닫게 되었다. 그리하여 문화예술에 관련된 문헌과 선행연구를 찾아보고, 미술 전시회와 박물관, 음악 공연, 마임이나 연극, 춤 공연 등을 직접 감상하면서 연구하기 시작하였다. 다양한 문화예술을 즐기고 탐구하는 과정에서 우리는 자연스럽게 공동의 목표를 향한 학습 공동체를 만들어 나갔으며, 부족했던 지식과 감성을 조금씩 채우고 키워 나갈 수 있었다.

그러던 중에, 2007년 이스라엘 외교부의 연수(A special study tour for Korean preschool educators on early childhood education enrichment) 경험은 연구자들의 문화예

술 프로그램 개발에 기폭제가 되었다. 인지적이고 감성적인 예술교육에 관한 새로운 시각을 접하고 다양한 예술교육센터를 참관하여 실제적인 교육방법으로 연수를 받았다. 이러한 경험을 토대로 2008년 '명화와의 만남 · 대화 · 사람' 프로그램을 개발하게 되었다. 비록 출간까지 이어지지는 못하여 지금까지도 우리의 마음속에 진한 아쉬움으로 남아 있지만, 이로 인해 우리가 추구하는 교육의 방향성을 정립하고 창의적인 문화예술 프로그램 개발 가능성을 확인할 수 있었다. 이후 교육학을 비롯하여 인문, 사회과학, 예술 등 다양한 분야를 보다 폭넓게 공부하고 깊은 고민과 적용을 거듭하면서 '문화문해교육'이 시작되었다.

문화문해교육은 문학, 영상 등 이야기가 있는 문화예술 교육매체를 영유아와 교사가 모두 즐겁게 즐기고 감상하는 것에서부터 시작한다. 영유아가 문화예술 교육매체를 즐기고 감상하면서 이야기에 몰입해 가는 동안, 교사는 영유아의 흥미와 관심을 민감하게 관찰하고 영유아가 자발적으로 한 걸음 더 나아갈 수 있도록 놀이를 촉진하고 지원한다. 이는 교실에서 서로 다른 경험과 관심사를 가진 구성원들이 소통할 수 있는 공통의 주제와 내용이 되며, 이야기가 전하는 의미와 가치를 느끼고 알아가는 기회가 된다. 결국 이러한 교육 경험은 분절된 지식이나 기능의 습득에 그치는 것이 아니라, 영유아 자신이 일상을 의미 있게 바라보고 지속적으로 의미를 변화시키고 발전해 나가는 진정한 '배움'으로 이어지게 된다.

이렇게 시작된 문화문해교육은 이후 5년여 동안 여러 유치원과 어린이집에서 원장과 교사 대상의 연수교육, 교실 적용 및 평가와 피드백이 순환되면서 현장 적용 가능한 문화문해 프로그램 개발로 이어졌다. 우리는 질적 연구방법론에 따라 교사들과 연구자 자신에게 끊임없이 반성적 질문을 던지고, 수업의 변화를 모니터링하기 위하여 교실 수업을 직접 관찰 · 기록하고, 교사들과 수업 개선을 위한 컨설팅 협의를 진행하였다. 결코 쉽지 않은 과정이었지만 교사들은 알을 깨고 나오는 아픔을 느끼면서 구조주의적 교육의 틀에서 벗어나 점차 구성주의적 패러다임으로 변해 갔다. 삭막하고 무미건조해 보였던 교사들의 감성과 지성을 일깨우기 위해 각종 시청각 자료와 영상 자료, 감동적인 이야기 등으로 교사들과 적극적으로 소통하였고, 직접 경험하고 마음으로 느낄 수 있도록 아낌없이 지원하였다. 모든 교육은 경험에서 나온다는 듀이의 말처럼 교사들의 감성적 체험은 자신의 교육에 대한 동기를 부여하고, 교실의 아이들과 함께 문화문해교육에 열정적으로 몰입하는 계기가 되었다. 원장님들도 연수교육에 함께 참여하여 프로그램을 이해하고자 노력하였고, 교실 교육과정 운영을 지원하면서 기꺼이 함께 호흡하였다. 학부모들도 자녀가 의미 있게 변화 · 성장해 가는 모습을 보고 함께 소통하며 교육에 힘을 불어넣어 주었다. 이러한 교육현장의 변화는 오랜 시간 동안 연구자들이 연구를 포기하지 않고 열정을 유지하게 해 주는 강력한 동기가 되었다.

2010년 무렵, 연구자들은 그간의 자료를 모아서 책을 출간하고자 본격적으로 집필을 시작하였다. 우리가 찾아낸 창의 · 감성적인 문화문해교육이 많은 현장에서 활용되기 위해서는 설득력 있는 이론적 근거가 필요하였다. 그래서 사람과 유아의 삶을 이해하기 위해 철학, 미학, 문화인류학, 심리학, 뇌과학, 예술학 등 인문과학 분야를 공부하였다. 또한 사회와 세상을 이해하기 위해서 사회학, 경영학, 미래학 등 사회과학을 공부하였다. 그리고 교육방법을 이해하기 위하여 교육철학, 교육과정, 유아교육과정, 교수 · 학습방법, 교육공학, 질적 연구방법론 등을 보다 깊이 있게 공부하였다. 나아가 교육의 내용에 관한 지식을 이해하기 위하여 문학, 아동문학, 그림책, 음악교육학, 미술학, 박물관 교육, 무용학 등도 공부하였다. 프로그램 개발은 종합적인 작업이었고, 이를 타당화하여 많은 독자와 소통할 수 있는 책을 출판하기 위한 공부는 쉽게 끝이 나지 않았다. 창의성이라는 시대적 화두 속에서 좌충우돌을 거듭하며 수없이 수정과 보완 작업을 반복하였고, 그 길을 다시 더듬어 한 걸음씩 앞으로 나아갔다.

선택과 집중 그리고 몰입의 시간을 보낸 끝에 드디어 『영유아 문화문해교육의 이해』를 세상에 내놓게 되었다. 그러나 여전히 우리의 뜻을 모두 담아내지 못하고 있는 것은 아닌지 염려되고, 많은 시간과 열정을 쏟았음에도 불구하고 더욱 완성도를 높이지 못함에 여전히 부족함을 느낀다. 그러나 길고 긴 연구의 과정 속에서 우리는 우리 자신을 끝없이 성찰하고 관리해야 했기에 삶의 의미와 가치를 배웠다. 영유아에게서 사랑을 배우고, 문화예술에서 아름다움을 배웠으며, 다방면의 지식 탐구를 통해 통찰을 배웠다. 어느새 학습공동체이자 삶의 공동체가 되어 서로 간에 눈뜸과 진정한 만남을 통해 우정과 신의를 배웠다. 따라서 『영유아 문화문해교육의 이해』 출간 과정은 우리 모두가 '함께 즐기고, 고민하고, 공부하고, 새롭게 발견하고, 그래서 행복했던' 의미 있는 시간이었고, 성장할 수 있었던 시간이었고, 연구자로서 자신을 발견하는 시간이었고, 기대와 희망을 가질 수 있었던 시간이었고, 우리 인생을 빛냈던 황금기였다. 어쩌면 『영유아 문화문해교육의 이해』는 우리 일상의 소중함과 가치를 깨닫는 자서전적 표상물인지도 모르겠다. 짧지 않은 기간 동안

게으르지 않았으나, 집필 작업은 달팽이 걸음처럼 느리게 진행되었다. 긴 집필의 시간이 흐르면서 시대가 변해 가고, 새로운 개념이 나타나거나 책의 목적이 변하기도 하면서 수없이 많은 수정과 보완을 거듭해야 했다. 오랜 시간 공들여 작성한 원고이지만 낡은 것은 아낌없이 버려야 했고, 완성도가 떨어지거나 전체적으로 조화롭지 않아 독자에게 혼란을 가중할 수 있는 부분은 과감하게 잘라 내야 했다. 집필의 시작부터 끝까지 교육현장의 목소리를 듣고자 노력했고, 그것을 우리의 책 속에 담아내고자 고민했다.

이 책의 활용을 염두에 두고 셀 수 없이 많은 수정과 보완을 거듭한 끝에 문화문해교육 시리즈 1권 『영유아 문화문해교육의 이해』와 2권 『영유아 문화문해교육의 적용』이라는 두 권의 책을 세상에 내놓는다. 우선 1권 『영유아 문화문해교육의 이해』는 문화문해교육의 필요성, 개념, 교육방법, 질 관리를 소개하여 문화문해교육에 대한 이해를 돕고자 하였다. 이어서 2권 『영유아 문화문해교육의 적용』은 문화예술 교육매체를 활용한 문화문해 프로그램의 세 가지 적용 사례를 구체적으로 소개하여 실제적인 활용에 도움을 주고자 하였다.

두 권의 책은 창의성 교육과 감성교육의 필요성을 이해하고 문화예술에 관심을 가지고 있는 유치원이나 어린이집에서 유용하게 활용될 수 있다. 또한 초·중등학교의 창의융합 프로그램이나 창의재량활동, 사회교육기관의 문화예술교육을 비롯하여 창의감성교육에 관심이 있는 학부모들에게도 도움이 될 것이다. 이뿐만 아니라 대학의 교사양성과정이나 대학원, 현직 연수과정에서 '영유아프로그램 개발 및 평가' '교수-학습방법론' '문화예술교육' '아동미술교육' '아동문학교육' '창의인성교육' '유치원교육과정의 운영' '보육과정의 운영' 등 교과목의 강의교재나 참고문헌으로 활용할 수 있다.

프로젝트, 레지오 에밀리아, 발도르프, 구성주의, 몬테소리 프로그램처럼 우리 아이들이 창의적이고 감성적인 역량을 꽃피워 나가는 데 문화문해교육이 기여할 수 있기를 간절히 소망한다. 아울러 미래의 인재 교육을 책임지는 교사들이 국가에서 제시한 교육의 방향에 따라 자율적이고 열정적으로 자신의 역량을 발휘할 수 있는 교육 풍토가 조성되기를 바란다.

책의 출간을 앞두고 연구자들에게 큰 힘이 되어 주신 많은 분께 진심으로 머리 숙여 감사의 마음을 전한다. 모교의 은사님들, 대학의 선후배와 동료 교수님들, 그리고 책과 강연으로 만난 각계 전문가들로부터의 배움과 교류는 학문의 깊이를 더해 가는 기쁨과 행복감을 느끼게 해 주었다. '우리나라 유아교육의 미래는 질 높은 유아교육 프로그램 제공'이라며 창의적인 교육 프로그램 개발을 제안하신 나정 교수님이 아니었더라면 연구자들의 만남은 불가능했을 것이다. 프로그램 개발을 위한 아이디어 회의와 현장연수를 함께 하면서 긴 집필 기간 동안 출판을 격려해 주셨기에 연구자들은 한 걸음씩 성장할 수 있었다. 기꺼이 연구에 참여해 주신 유아교육 현장의 교직원과 유아들, 학부모, 지역사회의 협력과 지원으로 좁은 지면에 한없이 펼쳐 놓은 연구자들의 설계도를 구체적인 현실로 구현할 수 있었다. 특히 서울 강남의 아란유치원 한경자 원장님은 오랜 기간 연구팀의 꿈과 의지를 믿고 10여 년의 긴 시간 동안 아낌없이 지원하고 격려해 주셨다. 그리고 학촌유치원(화성), 현정유치원(서울 광진), 꿈나무유치원(김포), 꿈동산유치원(천안), 배화유치원(고양), 햇빛유치원(고양), 샛별유치원(부천), 소라유치원(인천), 금빛유치원(과천), 문정어린이집(안성), 라이프 어린이집(원주)……. 이 모든 분의 열정이 함께하였다. 이 책의 집필 과정 동안 잘 자라 준 우리의 아이들 용빈, 용균, 기윤, 승재, 예나, 동건, 그리고 우리가 문화문해교육의 매력에 흠뻑 빠질 수 있도록 지원을 아끼지 않은 남편들, 부모 및 형제들께 사랑과 감사의 마음을 전한다. 또한 이 책의 출판을 허락해 주신 학지사의 김진환 대표님, 최임배 부사장님, 그리고 오랜 기간의 기다림과 수차례에 걸친 까다로운 교정 작업을 기꺼이 맡아 주신 여러 직원분께 감사드린다.

이제 이 책의 출간과 함께 만나게 될 독자를 생각하면 우리의 말과 글의 책임을 느끼나, 소통과 교류를 통해 더 깊고 넓은 배움으로 나아가기를 기대한다.

2019년 3월

저자 일동

차례

제1장

영유아 문화문해교육의 필요성

1. 현대 사회문화의 특징
2. 영유아 창의 · 감성 교육

보다 나은 교육을 위한 고민은 시대를 막론하고 지속되어 왔다. 그러나 유독 '교육은 무엇인가'에 대한 고민이 깊어지는 때가 있다. 현재의 교육에서 만족감을 느끼지 못하면 교육을 다시 들여다보고 재정비해야 하기 때문이다. 그리고 급격한 사회변화를 맞이하고 있는 지금이 바로 그때이다. 교육은 세계 속에서 태어난 개인으로 하여금 그 세계를 배우도록 보장하는 일이며(이홍우, 1991), 현재 개인의 삶을 기반으로 경험을 재구성해 나가는 것이다(Dewey, 2007b). 이처럼 교육은 사회에 속한 각 개인의 성장을 돕고 유능한 인재를 양성하여 사회의 발전에 기여하고 있다. 그렇다면 지금 우리에게 필요한 교육은 무엇인가? 우리 교육이 나아가야 할 방향을 찾기 위해 그간 교육의 변화를 이끌어 온 인류 역사의 흐름을 살펴보면 [그림 1-1]과 같다.

	50만 년 전	1만 년 전	18C 후반~20C 중반(약 150년간)	20C 후반~현재(약 40년간)
	수렵사회 (구술시대)	농업사회 (구술 · 문자시대)	산업사회 (문자 · 인쇄시대)	정보사회 (전자영상시대)
계기	언어혁명	농업혁명	과학혁명	정보혁명
의사소통	말(구두)	말(구두) · 문자	문자 · 인쇄물	상징 · 이야기
원동력	자연력	인력, 동식물, 자연력	에너지(증기, 전기, 원자력)	정보력, 창의력
사회체제	유목부족	공동사회, 도시국가	중앙집권체제, 글로벌 사회	수평적 네트워크 사회
기본소양	수렵과 채집기술	농사기술	기계기술 및 자격, 3R	창의력, 정보처리 및 생산 능력, 컴퓨터 사용 능력, 의사소통 능력

[그림 1-1] 사회의 변화

[그림 1-1]에서 보는 바와 같이, 인류의 역사는 약 50만 년 전 수렵사회부터 농업사회를 거쳐 현재 산업사회와 정보사회로 이어지고 있다. 이 과정에는 언어혁명, 농업혁명, 과학혁명, 정보혁명과 같은 획기적인 변화의 계기가 있었으며, 이것은 그 사회를 살아가는 사람들의 생활방식에 직접적인 영향을 미쳤다. 수렵사회에서 인간이 언어를 사용하게 된 것은 '언어혁명'이라고 불릴 정도로 획기적인 사건이었다. 언어를 사용하게 되면서 인간은 동물과 구별되는 새로운 방식의 의사소통 도구를 가지게 되었고, 이로 인해 생활양식과 사고방식도 변화되었다. 언어는 세상을 살아가는 데 필요한 수많은 정보를 축적할 수 있는 정보 공유의 수단으로 사용되었

고, 세월이 흐르는 동안 언어를 통해 만들어 낸 수많은 이야기는 네트워크 형성에 기반이 되었다(Harari, 2015).

떠돌아다니며 생활하던 수렵인들은 점차 안정된 정착지에서 동식물을 가꾸고 기르는 방법을 터득하게 되었다. 이와 같은 생활방식의 변화는 농업사회로 전환되는 '농업혁명'의 계기가 되었으며, 농업인들은 보다 나은 미래를 꿈꾸며 열심히 일하여 생산성을 늘려 나갔다. 뺏고 빼앗기는 위험을 감수하면서 재산과 토지를 지키고자 노력하였고, 축적된 잉여생산물은 재투자되어 정치, 경제, 전쟁, 예술, 철학의 원동력이 되었다(Harari, 2015). 안정적인 생활방식으로 인구가 급증하고 도시와 국가를 형성하면서 농업사회는 점차 거대한 사회로 변화되었다.

거대해진 농업사회에서 재산을 관리하고 세금이나 벌금을 신속하고 정확하게 걷기 위해서는 수학적 데이터가 필요했다. 수학의 발달과 실증적이고 과학적인 사고방식은 산업사회를 이끄는 '과학혁명'으로 이어졌다. 과학혁명은 경험적 관찰을 통해 자료를 수집하고 수학적 도구로 그 관찰들을 연결해서 포괄적인 이론을 만들어 나가는 무지의 혁명이며, 새로운 힘의 획득이다(Harari, 2015). 특히 인쇄술의 발달로 책이나 신문, 잡지 등이 대량 보급되었고, 사회 구성원들은 활자화된 인쇄물에서 보다 정확하고 체계적으로 지식과 정보를 얻고 공유할 수 있게 되었다. 이후 급속한 과학의 발전과 함께 산업사회는 점진적이고 단계적인 변화를 거쳐 왔으며, 20세기 후반 컴퓨터와 인터넷의 결합은 문자·인쇄시대라 불리던 산업사회를 정보사회로 이끈 '정보혁명'의 계기가 되었다.

이와 같은 사회변화의 흐름에 따라 교육 역시 변화를 거듭해 왔다. 시대별로 사회에서 필요한 인재를 양성하는 것이 교육의 목적이었고, 사회를 살아가는 데 필요한 기본적인 소양은 그 시대의 교육 내용이 되었으며, 사회의 의사소통 방식은 교육 방법이 되었다. 따라서 수렵사회에서는 생존기술과 수렵·채집 기술을, 농업사회에서는 농사짓는 기술을 배워야 했으며, 그 시대의 의사소통방식인 말(구전)로 필요한 지식과 정보를 공유하였다. 농업사회의 일부 지식인들은 문자를 사용하기도 하였으나, 인쇄기술이 없어 문자로 기록된 책이 보편화되지는 못하였다. 이후 산업사회에서는 중앙집권적 권력구조 속에서 기계를 다루는 공장노동자 양성을 위해 학교가 세워졌으며, 대량 생산된 책이 보급되었다. 학교에서는 선생님의 직접적인 가르침과 책을 통해 기계 기술이나 자격, 읽고 쓰고 셈하기와 같은 기초소양교육, 법과 질서를 지키고 따르는 체제순응교육이 이루어졌고, 전문교육을 통해 소수의 지식근로자를 양성하는 대학도 생겨났다. 그 후 우리가 맞이한 정보사회는 이전 산업사회의 교육내용과 교육방법으로 살아가기 어렵게 되었다. 정보혁명으로 맞이한 정보사회는 정보력과 창의력으로 움직이는 사회이며, 정보통신매체로 소통하는 사회이다. 그렇다면 이 사회를 살아가고 있는 사회 구성원들에게 필요한 교육은 무엇인가? 그리고 앞으로 다가올 미래를 살아가게 될 우리의 2세들에게 필요한 교육은 무엇인가?

사회의 변화는 지금도 계속되고 있으며, 변화의 속도는 시간이 흐를수록 점점 더 빨라지고 있다. 심지어 이전 사회와는 전혀 다른 새로운 형태의 문명이 우리 앞에 나타날 것으로 예견되고 있다(Glenn, Gorden, 박영숙, & Florescu, 2011). 교육은 그 어느 때를 막론하고 사회의 변화와 무관하지 않으며, 급변하는 사회의 흐름을 예견하고 대비해야 할 수 있어야 한다. 따라서 이 장에서는 제4차 산업혁명 시대의 흐름 속에서 맞이한 정보사회와 감성사회의 특징을 살펴보고, 앞으로 교육이 나아가야 할 방향을 살펴보고자 한다. 그리고 이것이 바로 문화문해교육이 필요한 이유가 될 것이다.

1. 현대 사회문화의 특징

앞서 살펴본 바와 같이 인류의 역사는 수렵사회와 농업사회, 산업사회를 거쳐 오늘날 정보사회에 이르고 있다. 이러한 사회의 발전 과정은 생산기술의 변화에 따라 이름 붙여진 것으로, 그 시대를 이끌어 가는 핵심기술을 드러낸 것이다(최동수, 2011). 따라서 수렵사회는 수렵기술, 농업사회는 농업기술, 산업사회는 산업(공업)기술, 정보사회는 정보통신기술을 핵심기술로 하는 사회라고 볼 수 있다. 그렇다면 지금 우리가 살아가고 있는 정보사회는 어떤 사회인가? 정보사회에 대한 정의와 특성을 살펴보면 다음과 같다(소경희, 전은화, 1999; 장필성, 2016; 최동수, 2011).

- 전자, 통신, 컴퓨터를 활용한 디지털 및 정보통신기술에 의해 전달되는 '지식과 정보'를 원동력으로 움직이는 사회이다.
- 현대 사회를 살아가는 데 필요한 정보를 수집, 생산, 제작, 가공, 저장하는 과정을 통해 정보의 유통을 확산시키는 행위가 사회 전반에 보편화된 사회이다.

- 사람의 손과 근육 에너지 및 그 대체물인 기계를 생산수단으로 공업이 만들어 내는 '물질중심의 문명'에서 인간의 두뇌나 지적 창조력을 생산수단으로 정보통신산업이 만들어 내는 '무형의 정보가 주체가 되는 문명'으로 전환된 사회이다.
- 노동(육체적)의 양(量)보다는 노동(정신적)의 질(質)이 가치를 결정하는 사회이다.

이와 같은 정의를 종합하면, 정보사회는 인간의 창의적인 두뇌와 정보통신기술이 생산한 무형의 지식과 정보를 중심으로 움직이는 사회이며, 육체적이고 물질적인 가치보다 정신적인 질의 가치에서 의미를 찾는 사회라고 정의할 수 있다. 정보사회는 18세기 후반부터 시작된 산업사회의 발전 과정 속에서 등장하였으며, 컴퓨터와 인터넷이 생활화되면서 시작되었다. 제1차 산업혁명부터 제4차 산업혁명까지 산업사회의 변화 과정을 시기별로 정리해 보면 [그림 1-2]와 같다.

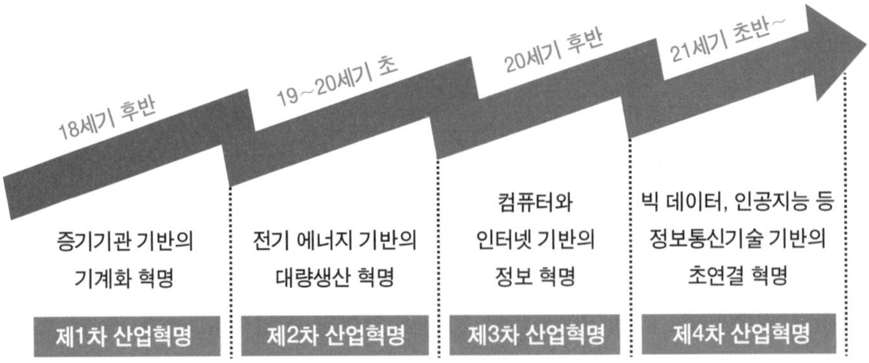

[그림 1-2] 산업사회의 변화 과정

[그림 1-2]에서 보는 바와 같이, 제1차 산업혁명은 증기기관 기반의 기계화 혁명이다. 이를 계기로 그간 수작업으로 진행되던 일들을 기계가 대신하면서 보다 효율적인 생산이 가능해졌다. 이후 전기 에너지를 기반으로 한 기계의 자동화로 제2차 산업혁명 시대가 열렸고, 대량생산이 가능해졌다. 그리고 20세기 후반 컴퓨터와 인터넷의 보급은 제3차 산업혁명을 이끌었으며, 정보와 지식을 동력으로 하는 정보사회로 진입하게 되었다. 인쇄물과 같이 제한된 범위를 벗어나 인터넷으로 연결된 컴퓨터를 통해 무궁무진하게 정보를 축적하고 생산할 수 있게 된 것이다. 정보통신기술의 급속한 발달은 사물인터넷, 인공지능, 로봇, 빅 데이터, 3D 프린터 등 최

첨단 정보통신기술 기반의 초연결 혁명으로 이어져 오늘날 제4차 산업혁명 시대에 이르고 있다. 이와 같이 우리 사회에 혁신적인 변화를 가져온 정보사회는 컴퓨터와 인터넷의 결합으로 유비쿼터스 사회를 열었고, 네트워크로 연결된 수평적 협력사회가 되었다.

1) 유비쿼터스

제3차 산업혁명 이후 컴퓨터와 인터넷의 결합으로 우리 사회는 모두 '연결(network)'되고 '자동화(automation)'되었으며, 인공지능(Artificial Intelligence: AI)과 함께 살아가는 시대가 되었다. [그림 1-3]과 같이 어느새 현대인의 필수품이 된 스마트폰만 살펴보아도 우리 생활의 변화를 느낄 수 있다.

[그림 1-3] 일상화된 스마트폰의 기능

출처: 픽사베이(2016).

[그림 1-3]에서 보는 바와 같이, 스마트폰은 인터넷을 기반으로 한 정보통신기술의 산물이다. 불과 30년 전만 하더라도 긴 전화선으로 연결된 전화기나 편지로 먼 곳에 있는 친구들과 소식을 주고받았다. 그러나 지금 우리 손 안에 있는 스마트폰은 전화기의 기능을 넘어서 우리 생활 전반에 관여하는 중요한 의사소통의 도구로 자리 잡고 있다. 스마트폰은 최첨단 전자통신기기로 최신의 정보를 찾고 공유할 수 있으며, 소리와 문자, 이미지, 영상 등 다양한 방법으로 의사소통할 수 있다. 또한

인공지능을 탑재한 사물들과 연결되어 언제 어디서나 사물들을 관리하고 제어할 수 있다. 새로 구입한 스마트폰은 얼마 지나지 않아 곧 구형 모델이 되어 새로운 기능을 탑재한 신형 스마트폰에 자리를 빼앗긴다. 이처럼 급속하게 우리 사회를 변화시키고 있는 것은 바로 산업혁명 이래 지속적으로 발달해 온 과학기술, 즉 전자통신기술 덕분이다. 이제 우리는 공간, 대상, 시간에 제한 없이 무제한적으로 의사소통할 수 있게 되었고, 언제 어디서나 그 무엇과도 소통이 가능한 '유비쿼터스 시대(ubiquitous age)'를 살아가게 되었다.

유비쿼터스는 컵이나 자동차, 안경, 신발과 같은 일상의 사물에 각각의 역할에 부합되는 컴퓨터와 정보통신기술을 통합하여 언제 어디서나 사물과 사용자가 의사소통할 수 있는 환경을 말한다(Hunter, 2002). '어디에나 있음'을 뜻하는 유비쿼터스의 어원처럼, 인터넷으로 연결된 컴퓨터만 있으면 우리 생활의 모든 것을 제어하며 편리하게 살아갈 수 있다. 최근에는 연결망이 더욱 확대되어 사람과 사람 간의 소통(Peer-to-Peer: P2P)뿐만 아니라 기계와 기계(Machine-to-Machine: M2M), 심지어 사물과 사물 간 소통(Things-to-Things: T2T)으로 자동정보처리의 방향이 확산되고 있다. 덕분에 우리는 원격제어장치가 구비된 스마트한 미래형 주택에서 생활하며 집에서 편리하게 쇼핑하고, 지구 반대편에서 열리는 운동 경기를 실시간 관람하고, 재택근무하고, 원격 교육을 받고, 전자 진료를 받고, 필요한 정보를 언제 어디서든 쉽게 찾고 활용할 수 있게 되었다.

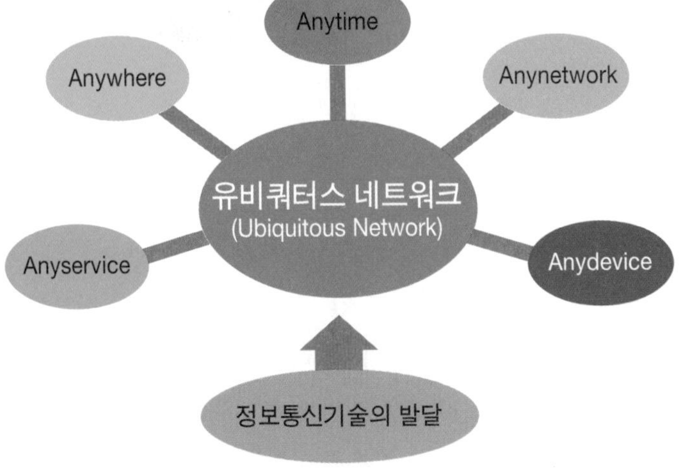

[그림 1-4] 유비쿼터스 네트워크

[그림 1-4]에서 보는 바와 같이, 전자통신기술의 발달이 가져온 유비쿼터스 사회는 구성원들이 어느 시간에, 어느 장소에서, 어떤 일을 하든, 어떤 장치에서든 편리하게 생활할 수 있는 환경을 제공하고 있다. 이러한 환경은 비단 현실세계에서만 가능한 것이 아니라 가상공간까지 이어져서, 사람들의 활동 영역을 무제한으로 확장시키고 있다. 그렇다면 가상공간은 어떤 곳이며, 사람들은 그곳에서 무엇을 하는가? 가상공간의 특징을 살펴보면 다음과 같다.

◆ 가상공간은 정보의 바다이다

가상공간에는 최신의 정보들이 무궁무진하게 저장되어 있다. 인터넷으로 연결된 기기만 있으면 누구나 언제 어디서든 손쉽게 필요한 정보를 얻을 수 있다. 가상공간은 단지 수많은 정보가 쌓여 있는 정체된 공간이 아니다. 가상공간에서 추출한 정보는 분석 · 조합되어 새로운 정보로 만들어지고, 다시 가상공간에 저장된다. 따라서 수많은 정보가 축적되어 있는 가상공간은 끊임없이 새로운 정보가 생성 · 소멸 · 재생산되는 역동적이고 창의적인 공간이다.

◆ 가상공간은 무제한의 소통 공간이다

가상공간에서는 수많은 대상과 만나고 소통하며 정보를 공유할 수 있으며, 현실세계에서의 직접적인 면대면 만남과 질적으로 다르다. 가상공간에서의 만남은 무엇보다도 시간적 · 공간적 제한이 없으며, 직접적으로 알지 못하는 미지의 사람들과도 소통이 가능하다. 즉, 가상공간은 시간, 공간, 대상에 상관없이 무제한적으로 소통하고 정보를 공유할 수 있는 상상을 초월한 공간이다.

◆ 가상공간은 상상과 꿈의 세계이다

가상공간이 현실공간과 중첩되면 더욱 생생하고 흥미로운 세계를 경험할 수 있다. 이것이 바로 가상현실(Virtual Reality: VR)과 증강현실(Augmented Reality: AR)이다. 가상현실은 인공기술을 토대로 현실과 유사하지만 현실이 아닌 환경이나 상황을 컴퓨터로 만들어 그것을 사용하는 사람이 마치 실제 주변 환경과 상호작용하고 있는 것처럼 만들어 주는 기술이다(김효균, 손영주, 김명석, 이선진, 2017). 이에 비해 증강현실(Augmented Reality: AR)은 현실세계에 3차원 가상물체를 겹쳐 보여 주는 기술이다. 현실세계에 실시간으로 부가정보를 갖는 가상세계를 합쳐 하나의 영상으로 보여 주기 때문에 혼합현실(Mixed Reality: MR)이라고도 불린다(김효균 외, 2017). 이 모든 것은 실재하는 세계가 아니지만 새로운 세계를 상상하는 꿈의 세계로, 마치 현실세계처럼 우리에게 다가오고 있다.

이처럼 정보사회가 만들어 낸 유비쿼터스 사회는 인간의 생활 영역을 무제한으로 확장시키고 있지만, 그 속에서 활동하고 있는 모든 개인은 촘촘한 네트워크로 긴밀하게 연결되어 숨을 곳이 없다. 가상공간에서 수많은 사람들이 남긴 디지털의 흔적을 수집하여 수학적 알고리즘으로 유의미한 결과를 해석해 내면 빅 데이터(big data)를 생산할 수 있다. 즉, 인터넷으로 연결된 네트워크는 개개인이 어디서 누구와 무엇을 하고 있는지에 대한 소소하고 일상적인 정보까지도 수집할 수 있게 만들었고, 대량으로 얻어 낸 정보는 분석을 통해 앞으로의 인간 생활을 예측하는 데 유용하게 활용된다. 막연한 추측에서 시작된 불확실한 예측은 풍부하게 수집된 데이터를 통해서 보다 정교해지고 정확해진다. 그리고 새롭게 분석된 데이터는 사람들의 시야를 더욱 넓혀 주어 기존의 세계관과 삶의 방식을 근본적으로 변화시키고 있다(Waber, 2015). 그 예로, 많은 기업이 빅 데이터를 활용하여 각 소비자들에게 필요한 맞춤형 정보를 제공함으로써 소비자들이 보다 효율적이고 경제적인 소비생활을 영위하는 데 기여하고 있다. 이뿐만 아니라 기업들은 흐름을 예측하여 향후 다가올 문제를 예방하거나 보다 손쉬운 문제해결 방안을 모색하는 데 빅 데이터를 적극 활용하고 있다. 그러나 규모가 크고 복잡한 대용량의 빅 데이터가 복잡하고 다양한 사람들의 생활 전반을 모두 예측하고 충족시키기에는 어려움이 있다. 각 개인이 보이는 사소한 행동들을 감지해야, 비로소 사람들에게 충족되지 않은 요구나 욕망을 읽어 낼 수 있고 사람의 본모습을 알아낼 수 있기 때문이다(Lindstrom, 2017). 따라서 개인의 취향이나 필요, 건강 상태, 생활양식 등 사소한 행동에서 나오는 정보들, 즉 '감성 DNA(emotional DNA)'를 추적하는 스몰 데이터(small data) 분석도 현대인의 생활 양상이나 미래 사회를 예측하는 데 빅 데이터와 함께 활용되고 있다.

이처럼 컴퓨터와 인터넷의 연결이 가져온 유비쿼터스 사회는 개개인의 디지털 흔적을 데이터화하여 생활 전반에 활용하는 사회이며, 이전까지 영화에서나 볼 수 있었던 상상의 세계를 현실화하는 사회이다. 증강현실을 이용한 게임이나 그림책이 등장하고 있으며, 머지않아 영화 〈해리 포터〉에서 보았던 호그와트 마법학교처럼 책 위로 자연물이나 역사적 인물을 생생하게 만나는 날이 다가올 것이다.

[그림 1-5] 가상현실세계

그러나 이러한 사회 환경의 변화가 반드시 낙관적인 것만은 아니다. 가상공간에서 쏟아지는 정보의 홍수 속에서 판단력 저하 및 상실, 인터넷 유해환경 노출로 인한 사이버 범죄나 폭력, 개인정보 노출로 인한 인권침해, 인터넷 중독, 사회나 학교 폭력, 개인의 심리적 소외와 고립 등 이전에는 상상하지 못했던 문제가 새롭게 발생하고 있기 때문이다. 이뿐만 아니라 사람보다 더 사람 같은 인공지능의 등장으로 많은 분야에서 "인간은 필요 없다"(Kaplan, 2016)며 인공지능에게 일자리를 내어 주는 일이 현실화되고 있다. 이와 같은 사회 변화 속에서 편리하고 행복하게 살아가기 위해, 그리고 예기치 못하게 발생하는 제반 문제를 지혜롭게 해결하며 살아가기 위해 지금 우리에게 필요한 능력은 무엇이며, 어떤 교육이 필요한지 생각해 보아야 할 것이다.

2) 수평적 협력

인터넷으로 연결된 네트워크 사회는 수직적 위계질서에 따라 움직이던 산업사회를 수평적 협력사회로 변화시켰다. 이전 사회를 되돌아보면, 농사를 짓기 위해 많은 노동력이 필요했던 농업사회는 혈연 중심의 씨족사회였다. 가정 내에서는 자연스럽게 혈연관계에 따라 위계적 관계가 형성되었고, 땅을 소유한 농장주와 그 땅에서 일하는 소작농은 지배계급과 피지배계급으로 위계적인 관계를 유지해 왔다. 이후 산업사회에 접어들면서 거대한 공장은 기계를 돌리는 공장노동자에 의해 움직였고, '화이트칼라(white-collar)'라고 불리는 지식근로자들이 이들을 관리 감독하였다. 공장노동자들은 대규모의 공장이 제대로 운영되도록 정해진 매뉴얼에 따라 규칙적으로 움직여야 했으며, 지식근로자의 관리 감독에 따라 명령에 복종하며 맡은 바 역할을 수행해야 했다. 따라서 공장은 위계적이고 계층적인 수직적 관계 속에서 운영되었으며, 사회를 이끌어 가는 자본가와 지식근로자를 중심으로 피라미드형 권력체계(hierarchy)가 형성되었다.

그러나 이러한 산업사회의 수직적인 명령하달식의 사회구조는 정보사회에 들어서면서 급격히 무너지게 되었다. 이제 누구나 손쉽게 네트워크를 통해 필요한 지식과 정보를 얻을 수 있어서 더 이상 지식근로자들이 가지고 있는 지식과 정보에 의존할 필요가 없다. 또한 전자영상매체의 발달로 양방향 의사소통이 가능해져서 상급자에게서 일방향적으로 주어지는 지시와 명령에 따르거나 복종하지 않아도 되었다. 더군다나 현대 사회에서 발생하는 문제는 매우 복합적이고 다양해서 특정인이 가지고 있는 단편적인 지식과 정보만으로는 해결이 불가능하다. 문제해결에 필요한 창의적인 아이디어를 얻기 위해서는 다양한 분야의 사람들이 서로 협력하여 지식과 정보를 나누고 융합해야 한다. 따라서 정보사회의 구성원들은 네트워크로 연결된 공동체 속에서 타인과 조화로운 협력관계를 유지하며 자신의 역량을 발휘해야 더 나은 삶으로 나아갈 수 있다.

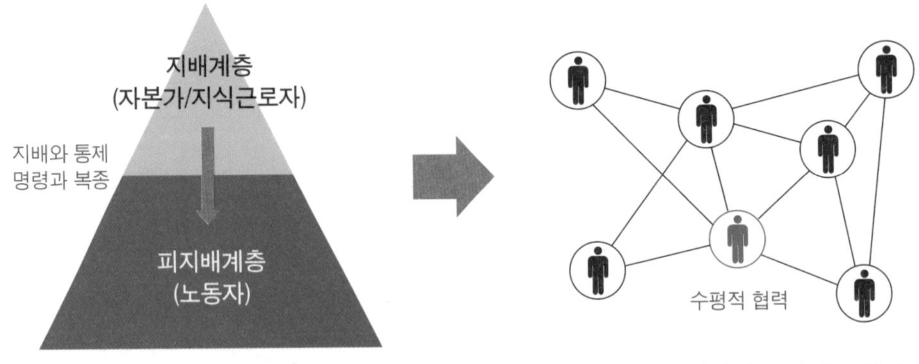

[산업사회의 피라미드형 수직적 구조]
[정보 · 감성 사회의 휴먼 네트워크]

[그림 1-6] 사회변화에 따른 조직체제의 변화

[그림 1-6]에서 보듯이 정보사회의 긴밀한 연결성은 사회 구성원이 공동체로서 더욱 단단하게 집결하여 협력해야만 살아남을 수 있는 강력한 구심점으로 작용하고 있다. 이러한 연결성은 과거 농업사회의 씨족 공동체와 유사한 특성을 보이고 있지만, 공동체를 응집하게 만드는 구심점에서 차이가 있다. 즉, 농업사회에서 씨족 공동체의 구심점이 '혈연'이었다면, 정보사회에서 감성 공동체의 구심점은 인터넷으로 연결된 '휴먼 네트워크(human network)'이다. 우리 일상에서 흔히 쓰이고 있는 페이스북(facebook), 카카오스토리(kakaostory), 밴드(band), 인스타그램(instagram), 트위터(twitter) 등과 같은 사회관계망서비스(Social Network Service: SNS)가 대표적인 예이다. SNS는 개방, 참여, 공유를 핵심 가치로 하여 개인의 생각이나 의견, 가치를 공유하고 타인과의 관계를 구축·확장시키는 온라인 플랫폼(online platgform)의 역할을 하고 있다(조창연, 2017). 이처럼 휴먼 네트워크는 온라인상에서 사용자 간의 자유로운 의사소통으로 정보를 공유하고 인맥(人脈)을 확대하면서 사회적 관계를 형성하고 강화해 나가는 기반이 되고 있다.

한편, 온라인 네트워크로 형성된 인맥은 실제로 오프라인에서 맺은 인맥처럼 강력하게 작용하지 않는다. 개인을 중심으로 한 망상형 연결망으로 맺어지는 인맥은 대부분 일을 중심으로 약하고 느슨하게 형성되며, 주로 정보와 자원 획득에 활용된다(양광모, 2012). 그러나 네트워크의 강도가 강해지면 정서가 형성되고 '인맥'의 특성을 가진 감성 공동체, 즉 휴먼 네트워크가 된다. 그러나 감성 공동체에서의 인맥은 오프라인이나 과거 농업사회의 혈연 공동체에서의 인맥과 달리 훨씬 더 광범위하고 복잡하고 다양하게 구성되어 있으며, 매우 유동적으로 움직인다. 또한 무제한의 공간에서 움직이는 개개인은 자신의 존재를 드러내지 않고 인맥을 형성하며 의사소통할 수 있다. 간혹 그 과정에서 개인의 의도와는 상관없이 자신이 과도하게 노출되어 피해를 보기도 한다. 따라서 사회 구성원 개개인은 감성 공동체 속에서 언제라도 사회적 관계망으로부터 고립되고 개인화될 수 있는 가능성을 가지고 있다.

이렇듯 정보·감성 사회의 휴먼 네트워크는 사회 구성원 각 개인이 공동체 속에서 수평적 관계로 인맥을 형성하며 서로 협력할 수 있는 기반이 되고 있다. 그리고 개인은 휴먼 네트워크 속에서 사회 구성원으로서 자신과 조직에 필요한 정보와 자원을 획득하며, 자신의 역할과 위치를 찾아내고 행동해야 한다. 정보사회가 이전 산업사회의 수직적 구조에서 강조되었던 분업·조립·표준화된 생산조직에서 벗어나 통합 · 융합 · 협동적 생산조직으로 변화되고 있듯이, 휴먼 네트워크 시대의 교육도 통합되고 융합되며 협동적 교육으로 변화되어야 할 것이다.

3) 디지털 커뮤니케이션

정보 · 감성 사회의 주된 의사소통 방식은 전적으로 디지털 기술에 의존하고 있다고 해도 과언이 아니다. 인류의 역사가 곧 커뮤니케이션의 역사(윤태진, 박현구, 박경우, 2004)라고 일컬어질 정도로 의사소통 방식의 변화는 인간 생활 전반에 엄청난 영향을 미쳐 왔다. 의사소통 방식이 변화하였다는 것은 사람들이 정보를 얻고 공유하는 방식이 달라졌음을 의미하는 것이며, 이는 곧 이전과 다른 사고방식으로 세상을 보고 듣고 느끼며 살아가게 되었다는 뜻이다. 그래서 책이나 신문, 텔레비전, 라디오와 같은 미디어로 의사소통하던 문자 · 인쇄시대를 '올드 미디어(old media)' 시대로, 디지털 커뮤니케이션으로 의사소통하는 정보사회를 '뉴 미디어(new media)' 시대라고 구분하여 부르기도 한다.

뉴 미디어는 의사소통의 매체, 내용, 방법, 과정, 대상자, 범위 등 광범위한 면에서 올드 미디어와 전혀 다른 특성을 가지고 있다. 올드 미디어와 비교하여 뉴 미디어의 특징을 살펴보면 다음과 같다(윤우중, 이현진, 2014; 윤준수, 1998; 정현선, 2005).

- 뉴 미디어는 아날로그(analog)와 디지털(digital)의 결합이며, 감성과 과학기술의 통합이다.
- 뉴 미디어는 사용자의 참여와 체험이 가능한 온라인의 양방향적 소통 방식으로 유동적이고 다차원적이다.
- 뉴 미디어는 말이나 문자뿐만 아니라 기호, 이미지, 소리, 색, 움직임 등 다양한 상징으로 구성된 전자영상매체를 통해 이루어진다. 그리고 상징의 조합에 따라 문학, 음악, 미술, 무용, 연극, 영화 등 다양한 문화예술로 표현된다.
- 문화예술로 표현되는 뉴 미디어에는 이야기가 있다. 이것은 단순히 이야기하고 정보를 전달하는 차원을 넘어서 함께 공유하고 소통하는 행위를 의미한다. 생명력과 가치를 부여받은 이야기는 새로운 부가가치를 창출해 낸다.

이와 같이 뉴 미디어를 통한 디지털 커뮤니케이션은 과거 올드 미디어의 의사소

[그림 1-7] 이모티콘을 이용한 의사소통의 사례

통 방식과 크게 달라졌음을 알 수 있다. [그림 1-7]과 같이 많은 사람이 일상에서 쉽게 주고받는 스마트폰의 문자메시지만 살펴보아도 이러한 변화를 느낄 수 있다.

[그림 1-7]에서 보는 바와 같이, 스마트폰으로 문자를 주고받을 때 긴 문장으로 설명하기보다는 이미지로 만들어진 이모티콘(emoticon)을 사용하고 있다. 글과 그림을 조합하거나 영상으로 자신의 감정과 느낌, 생각, 뜻을 전달하면, 상대방은 그것에 숨은 의미를 해석하고 이해해야 원활하게 소통할 수 있다. 그리고 이러한 의사소통 방식은 현대인의 일상이 되었다. 이제는 글자를 모르는 자가 아니라 이미지를 읽지 못하는 자가 미래의 문맹자가 된다는 진중권(2014)의 주장처럼, 다양한 상징의 의미를 읽어 내는 다중문해력(multiliteracy)은 21세기 정보 · 감성 사회를 살아가는 데 반드시 필요한 능력이 되었다.

[그림 1-8]에서 보듯이, 디지털 커뮤니케이션은 더 이상 말과 글에만 의존하지 않으며, 말과 글처럼 직접적으로 그 의미를 드러내지도 않는다. 뉴 미디어를 통해 말과 글 외에도 기호, 색, 이미지, 소리, 음, 움직임 등을 조화한 문학, 미술, 음악, 무용, 연극, 영화 등과 같은 문화예술로 전달되고 소통한다.

우리는 2000년대 초반에 영화로 상영되었던 〈해리 포터(Harry Potter)〉 〈반지의 제왕(The Lord of the Rings)〉 〈호빗(Hobbit)〉 〈나니아 연대기(The Chronicles of Nania)〉를 아직도 생생하게 기억하고 있다. 이 영화들의 공통점은 판타지(fantasy)라고 일컫는 상상 속의 신비한 이야기들이며, 기술력 있는 영화로 제작되면서 유명해졌다는 것이다. 현실에서 불가능한 상상 속의 이야기를 아무렇지도 않게 받아들이고 재미를 느끼게 된 것은 결국 변화된 의사소통 방식 때문이다. 특히 〈반지

[그림 1-8] 생활 속에서 접하는 다중문해

의 제왕〉〈호빗〉〈나니아 연대기〉는 1930년대에 저술된 문학작품들이지만, 최첨단 디지털 기술력과 결합하여 생생하고 환상적인 영상으로 재탄생하였고, 21세기 현대인들에게 재미와 감동을 안겨 주었다. 현실세계를 확장하고 가상세계를 경험하며 살아가는 현대인들에게 시간과 공간에 대한 개념과 느낌은 예전과 사뭇 다르다. 기존의 틀을 벗어난 현상에 대해서도 이제는 거부감 없이 받아들이고 공유하며 즐길 수 있게 된 것이다(김경집, 2015). 또한 뉴 미디어로 포장된 생생하고 감동적인 이야기들이 꿈과 상상이 펼쳐지는 흥미진진한 세계로 사람들을 끌어들이며 공감을 불러일으킨다.

감성은 감각을 통해 전달되는 자극을 직관적으로 받아들이고 느끼는 것으로부터 시작된다. 감성은 물리학적으로 측정하거나 증명할 수 있는 것은 아니지만, 일단 느끼게 되면 그 안에는 힘이 존재한다(박성봉, 2011). 그리고 그 힘은 매우 강력하여 사람의 마음을 움직일 수 있다. 옛날이야기를 들으면 편안함을 느끼고, 편지를 읽으면 그리움을 느낀다. 멋진 그림을 보면 설렘을 느끼고, 아름다운 음악을 들으면 눈물이 나고, 영화를 보면 감동을 받는다. 이러한 느낌은 곧 나의 일상과 연결되어 공감하고 상상하고 새로운 꿈을 꾸며 삶을 변화시켜 나가는 원동력이 되기 때문이다. 이것이 바로 감성의 힘이며, 문화의 힘이다. 어쩌면 감성사회의 도래는 인간의 상상력과 창의력이 중요시되는 정보사회의 필연적인 결과인지도 모른다. 그리고 그것을 가능하게 한 것은 의사소통 환경의 변화, 즉 디지털 커뮤니케이션이다.

4) 문화 다양성

사람마다, 집단마다, 지역마다, 국가마다 서로 생각하는 내용, 표현하는 방식이 다를 수 있다. 즉, 성별, 습관, 가족, 인종, 의식주, 언어, 전통, 종교, 지역 등에 따라 다르다. 이와 관련된 개념을 '문화 다양성'이라고 하는데, 2001년 유네스코(United Nations Educational, Scientific and Cultural Organization: UNESCO) 파리 총회에서 '문화 다양성 선언(Universal Declaration on Cultural Diversity)'(UNESCO, 2017b)을 185개 회원국이 채택하였다. 이 국제연합교육과학문화기구의 선언문에서는 문화를 "사회와 사회 구성원의 특유한 정신적 · 물질적 · 지적 · 감성적 특성의 총체"로 규정하고, 예술 및 문학 형식뿐 아니라 생활양식, 함께 사는 방식, 가치체계, 전통과 신념을 포함하였다. 서문에서 문화 다양성의 목적을 "문화의 광범위한 전파와 정의 · 자유 · 평화를 위한 인류 교육은 인간의 존엄에 꼭 필요하며, 또 모든 국가가 상호 지원과 상호 관심의 정신으로 완수해야 할 신성한 의무이다."와 같이 명시하면서 문화 다양성의 보호를 인간 존엄과 윤리적 의무로 보았다.

그 구체적인 내용을 살펴보면, 문화 다양성은 인류의 공동 유산이라는 것이다. 문화는 시공간에 여러 형태로 나타나는데, 이러한 문화 다양성은 인류를 구성하는 집단과 사회의 정체성과 독창성을 구현한다. 생태 다양성이 자연에 필요한 것처럼, 교류 · 혁신 · 창조성의 근원으로서 문화 다양성은 인류에게 필요한 것이다. 이러한 의미에서 문화 다양성은 인류의 공동 유산이며, 현재와 미래 세대를 위한 혜택으로서 인식하고 확인해야 한다. 이뿐만 아니라 문화 다양성을 단지 경제 성장의 관점에서가 아니라 좀 더 충분한 지적 · 감성적 · 윤리적 · 정신적 존재를 위한 수단으로 보았다. 특히 문자와 이미지로 된 아이디어의 자유로운 흐름을 보장하는 동시에, 모든 문화가 자신을 표현하고 알릴 수 있게 하는 조치를 마련해야 한다고 언급하였다. 즉, 표현의 자유, 매체 다원주의, 다언어주의, 디지털 형식을 포함한 예술과 과학적 · 기술적 지식에 대한 동등한 접근, 표현과 배포를 위한 수단에 접근할 수 있는 모든 문화의 가능성은 문화 다양성을 보장하는 것이다.

이뿐만 아니라 창의성의 원천으로서의 문화유산 창조는 문화적 전통에 의존하는 동시에, 다른 문화와 접촉하면서 풍성해진다. 그러므로 모든 유형의 유산을 보존하고 고양하며 인간의 경험과 염원의 기록으로서 미래 세대에게 반드시 전달해야 한다. 이렇게 함으로써 창의성을 진작하고 진정한 문화 간 대화를 고무할 수 있다고 보았다. 결국 인권과 기본 자유를 존중하면서 그 바탕 위에 자신이 선택한 문화적 생활에 참여하고, 문화적 실천을 행할 수 있어야 한다는 것이다. 이를 위해서는 문화 다양성을 전적으로 존중하게끔 질 좋은 교육과 훈련을 받아야 하는데, 이런 목적에서 교육을 통해 문화 다양성의 긍정적 가치 인식을 증진하고, 교과과정 구성과 교사교육을 향상시켜야 한다고 명시하였다.

이후 유네스코의 「문화적 표현의 다양성 보호와 증진에 관한 협약」 이행을 위하여 우리나라에서도 「문화다양성의 보호와 증진에 관한 법률」(약칭: 문화다양성법; 시행 2014. 11. 29., 법률 제12691호, 2014. 5. 28. 제정)을 제정하여 시행하고 있다(국가법령정보센터, 2017a). 이 법률은 개인의 문화적 삶의 질을 향상시키고 문화 다양성에 기초한 사회통합과 새로운 문화 창조에 이바지하는 것을 목적으로 한다. 여기에서 '문화 다양성'을 다음과 같이 정의하고 있다.

- '문화 다양성'이란 집단과 사회의 문화가 집단과 사회 간 그리고 집단과 사회 내에 전하여지는 다양한 방식으로 표현되는 것을 말하며, 그 수단과 기법에 관계없이 인류의 문화유산이 표현, 진흥, 전달되는 데에 사용되는 방법의 다양성과 예술적 창작, 생산, 보급, 유통, 향유 방식 등에서의 다양성을 포함한다.
- '문화적 표현'이란 개인, 집단, 사회의 창의성에서 비롯된 표현으로서 문화적 정체성에서 유래하거나 문화적 정체성을 표현하는 상징적 의미, 예술적 영역 및 문화적 가치를 지니는 것을 말한다. 또한 모든 사회 구성원은 문화적 표현의 자유와 권리를 가지며, 다른 사회 구성원의 다양한 문화적 표현을 존중하고 이해하기 위하여 노력하여야 한다.

또한 문화예술교육을 활성화하고, 나아가 국민의 문화적 삶의 질 향상과 국가의 문화 역량 강화를 지원하는 「문화예술교육지원법」(법률 제14630호, 2017. 3. 21. 일부개정; 국가법령정보센터, 2017b)도 시행되고 있다. 여기에서 '문화예술교육'이라 함은 문화재를 교육내용으로 하거나 어린이집, 유치원, 초 · 중등학교에서 시행되는 학교문화예술교육과정, 각종 문화예술교육시설 및 문화예술교육단체 등에서 시행되는 문화예술교육을 포함한다. 문화예술교육의 기본 원칙은 다음과 같다.

- 문화예술교육은 모든 국민의 문화예술 향유와 창조력 함양을 위한 교육을 지향한다.
- 모든 국민은 나이, 성별, 장애, 사회적 신분, 경제적 여건, 신체적 조건, 거주지역 등에 관계없이 자신의 관심과 적성에 따라 평생에 걸쳐 문화예술을 체계적으로 학습하고 교육받을 수 있는 기회를 균등하게 보장받는다.

이상을 요약하자면, 현대 국제사회에서 문화는 개인, 집단의 인권과 자유의 상징으로 인식된다. 이에 따라 각 집단 간, 집단 내 문화 다양성이 존중되고 보호되어야 함을 강조하고 있다. 문화 다양성이 필요한 구체적인 이유는, 첫째, 문화 다양성을 보호, 증진, 유지하는 것은 현재와 미래 세대의 지속 가능한 발전을 위한 필수 요건이기 때문이다. 둘째, 이색적이고 다양한 문화를 나누고 함께 하며 삶의 질 향상과 사회통합에 기여할 수 있기 때문이다. 셋째, 개인의 열린 시각을 키우고 창의력을 증진하며 문화 창조에 기여하고 문화 융성을 구현할 수 있기 때문이다. 따라서 문화 다양성을 실현하기 위하여 다름의 가치를 인식하고 문화 간 차이를 자연스럽게 받아들이고 수용하면서 조화하고 공존하는 평화로운 삶의 태도가 필요하다.

2. 영유아 창의 · 감성 교육

지금까지 제4차 산업혁명으로 맞이하게 된 정보 · 감성 사회의 특징을 살펴보았다. 유비쿼터스 사회, 휴먼 네트워크 사회, 디지털 커뮤니케이션의 시대, 공감의 시대로 대변되는 정보 · 감성 사회의 특성은 우리의 일상생활 곳곳에서 엄청난 영향력을 발휘하고 있으며, 지속적인 소프트웨어의 개발과 인공지능의 발달은 우리 삶의 변화를 더욱 가속화할 것으로 예상된다. 인공지능이 부각되기 시작한 상징적인 사건은 2016년의 알파고(AlphaGo)와 이세돌의 바둑 대결이었던 딥마인드 챌린지 매치(Google Deepmind Challenge match)였다.

[그림 1-9]의 인공지능 알파고와 이세돌의 바둑 대결에서 최종 승리자는 알파고였고, 이세돌은 다섯 판 중 단 한 판만 알파고를 이겼다. 알파고의 일방적인 승리로 끝난 충격적인 결과는 인간 대 인공지능의 대결을 관심 있게 지켜보았던 대중에게 막강한 인공지능의 힘과 가능성을 느끼게 해 준 기회가 되었다. 그 후 2017년, 더욱

무너진 인간 지존… "알파고, 바둑의 神 같았다."

[그림 1-9] 알파고와 인간의 대결

강력해진 알파고와 중국의 바둑 귀재들이 다시 격돌하였으나, 알파고에 단 1승도 거두지 못한 채 완패하였다. 불과 1년 만에 인공지능은 인간에게 완승을 거둘 만큼 스스로 성장한 것이다. 평론가들은 2016년 알파고를 이겼던 이세돌의 1승이 인공지능과의 대결에서 인간이 승리한 마지막 역사가 될 것이라고 예견하였고, 이것은 오로지 인간만이 가지는 창의성 때문이었다고 평가하였다(조선일보, 2017b). 이 사건은 향후 인공지능과 함께하게 될 미래 사회에서 모든 사람에게 반드시 필요한 핵심적인 능력은 바로 '창의성'이라는 것을 다시 한 번 입증하는 계기가 되었다.

제4차 산업혁명의 특성은 지능화, 자동화, 연결성이다. 덕분에 사람-환경-기계가 무제한으로 연결(network)되고 있으며, 인공지능을 가진 로봇의 자동화된 시스템은 인간 생활 전반을 더욱 지능적으로 제어하고 있다. 그리고 사람들의 생활영역은 현실과 가상공간을 넘나들며 무제한으로 확대되고 있으며, 이제까지 접해 보지 못했던 복잡하고 어려운 문제들에 직면하기도 한다. 앞으로 인간 업무의 상당 부분을 로봇이 차지하게 될 것이며, 인공지능이나 생명공학, 웰빙, 감성, 복지 경제, 환경, 에너지 자원 등 새로운 분야의 직업도 생겨날 것으로 예상된다.

이처럼 급변하고 있는 우리 사회의 미래는 앞으로 어떻게 전개될지 아무도 알 수 없으며, 황금빛 미래가 우리 앞에 펼쳐질 것이라는 낙관적인 기대도 쉽지 않다. 미

[그림 1-10] 인공지능과 함께하는 삶

출처: 픽사베이(2018b).

래를 예측하는 가장 좋은 방법은 미래를 창조하는 것이라는 미래학자 피터 드러커(Peter Drucker)의 말처럼(Edersheim, 2007; Hamel & Breen, 2009), 우리에게 어떤 미래가 펼쳐질 것인지는 바로 우리 자신에게 달려 있다. 그렇다면 지금 우리에게는 어떤 교육이 필요한가? 여전히 암기 위주의 주입식 교육에 만족할 것인가? 체제 순응적이고 복종하는 교육이 최선의 교육인가? 읽고 쓰고 셈하는 교육이 중심이 되어야

[그림 1-11] 기존 교육에 대한 갈등

출처: 픽사베이(2018a).

하는가? 순위별로 학생들을 나열하고 서로 경쟁시키는 교육이 더 효과적인가? 행복의 기준을 여전히 경제적 가치로만 계산할 것인가?

제4차 산업혁명으로 맞이한 정보 · 감성 사회에서 교육의 목적은 창의융합형 인재를 양성하는 것이다. 이를 위해 우리 교육은 이제 상상력과 창의력을 키우는 교육, 이성과 감성이 조화를 이루는 교육, 앎과 실천이 균형을 이루는 교육, 의미 있는 삶과 행복을 추구하는 방향으로 나아가야 한다. 그리고 이것이 곧 문화문해교육의 지향점이다. 우리 교육이 나아가야 할 방향을 등대 삼아 영유아교육현장에서 영유아들과 교사들은 이제 모험 가득한 이야기를 펼쳐 낼 긴 항해를 시작하게 될 것이다.

1) 창의력 교육

정보 · 감성 사회로 접어든 오늘날은 '아는 것이 힘'이 아니라 '상상하는 것이 힘'이 되는 시대이다(진중권, 2005). 작은 호기심으로부터 시작된 재미난 상상이 때때로 훌륭한 결과물을 창출하는 계기가 되기 때문이다.

…… 잠시 그는 의자 등받이에 몸을 기대며 방을 둘러본다.
순간 책상다리 옆의 카펫에 그의 시선이 머문다.
그는 카펫에 난 작은 구멍을 발견하고 한참 동안 그것을 바라보며 몽상에 잠긴다. 그러고는 책상 위의 종이로 시선을 돌려 글을 쓰기 시작한다.

"땅에 난 구멍 속에 호빗이 살고 있었다…" (White, 2003)

출처: 이글루(2015).

학생들의 시험지를 채점하다가 지루해진 톨킨(Tolkien)은 고개를 들어 사방을 둘러보다가 우연히 카펫의 작은 구멍을 발견하게 되었다. 그 작은 구멍을 바라보면서 시작된 톨킨의 상상은 짧은 한 줄의 문장으로 남겨졌고, 그것은 『호빗』과 『반지의 제왕』이라는 유명한 판타지 소설이 탄생하게 된 계기가 되었다. 만약 톨킨이 카펫의 작은 구멍을 발견하지 못했더라면, 구멍을 보고 몽상에 잠기지 않았더라면, 그 상상을 문장으로 남기지 않았더라면, 우리는 오늘날 『호빗』이나 『반지의 제왕』이라는 창의적인 작품을 만나지 못했을 것이다.

우리는 머릿속에서 수많은 상상을 하며 살아간다. 상상(想像, imagination)은 현실에서 있지 않은 것 혹은 일어나지 않은 일을 머릿속에 그려 생각하는 것을 의미한다(위키낱말사전, 2017). 상상은 그 어떤 공간적 · 시간적 제약이 없으며, 누구의 방해도 받지 않고, 현실에서는 도저히 불가능해 보이는 실험도 가능하다. 그래서 인간의 두뇌는 '최강의 실험실'(榛葉 豊, 2016)이라고 일컫는다. 상상은 종종 공상(空想, fantasy)이나 망상(妄想, delusion) 등의 용어와 혼용되기도 한다. 그러나 상상은 구체적인 일상에서 시작되며 문제의식과 지향점을 가지고 있다는 점에서 막연한 공상이나 망상과 구별된다(김찬호, 2008; 유영만, 2011). 인간의 두뇌 속에서 마음껏 펼쳐지는 무한한 상상력은 이제까지 인류 사회를 이끌어 온 가장 강력한 힘이었으며, 인간이 가진 최대의 무기라 해도 과언이 아닐 것이다. 이와 같은 상상력이 창의적 사고로 이어져 힘을 발휘할 수 있었던 것은 이성의 힘, 즉 논리적 사고의 힘이 더해진 결과였다.

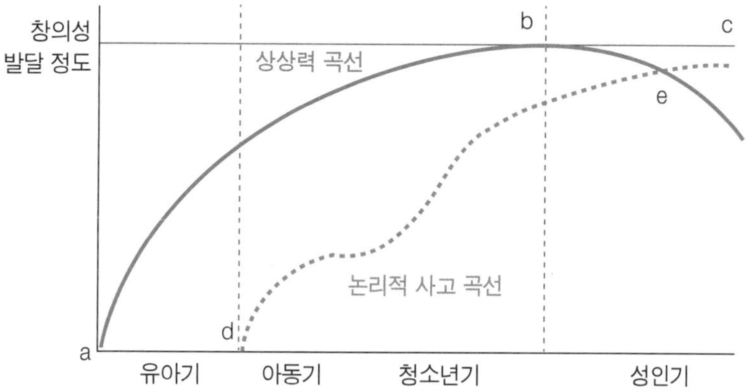

[그림 1-12] 창의성 발달 곡선

출처: 최인수(2011) 참조.

[그림 1-12]에서 보는 바와 같이, 창의성의 발달은 상상력과 논리적 사고 발달과 밀접하게 연관되어 있음을 알 수 있다. 즉, 창의성이 발달하기 위해서는 상상력뿐만 아니라 논리적 사고력도 함께 발달해야 한다는 것이다. 이 그래프가 나타내고 있는 내용을 정리해 보면 다음과 같다.

- 상상력은 출생 직후부터 발달하기 시작하여(a) 유아기, 아동기, 청소년기를 거치는 동안 급격히 발달해 나간다. 성인 초기(b)에 상상력 발달은 최고조에 이르며, 그 이후에는 점차 하향 곡선을 나타내고 있다.
- 논리적 사고력은 아동기부터 발달하기 시작하여(d) 청소년기를 거치는 동안 급격하게 발달한다. 상상력과 달리, 논리적 사고력은 성인기 이후에도 지속적으로 발달하고 있다.
- 창의성 발달은 상상력과 논리적 사고력의 발달에 영향을 받고 있으며, 창의력은 상상력과 논리적 사고력 발달이 함께 만나는 시점에서(e) 가장 큰 힘을 발휘하게 된다.

이와 같이 창의성이 발달하기 위해서는 상상력과 논리적 사고력의 발달이 필수적이며, 두 개의 발달이 모두 높은 수준을 유지할 때 가능하다. 그렇다면 창의성 발달을 위해 상상력과 논리적 사고력이 각각의 연령별 발달 특성에 맞게 발달할 수 있도록 지원해 주어야 한다. 특히 영유아기는 상상력이 급격히 발달하는 시기로 나타나고 있어서 창의융합적 인재 양성 과정에서 생애 초기 교육에 시사하는 바가 매우 크다.

◆ 유아기의 상상력 발달은 곧 인지발달을 의미한다

태어나는 시점부터 발달하기 시작하는 상상력은 대상영속성(object permanence)의 획득과 관련된다. 유아가 대상영속성을 획득한다는 것은 특정 대상이 직접 관찰되지 않아도 어디엔가 계속 존재한다는 것을 알게 되는 것이다(Piaget, 1954). 대상영속성의 획득으로 유아는 비로소 눈앞에 보이지 않는 것을 상상하는 가상놀이나 가작놀이를 즐길 수 있게 된다. 그리고 이것은 생후 2년간의 감각운동기를 지나는 동안 경험한 감각적이고 직접적인 체험과 현실의 다양하고 풍부한 경험이 쌓이게 된 덕분이다. 이처럼 유아기의 대상영속성 발달은 곧 상상력의 발달이며, 인지발달과 동일시된다. 더 나아가 상상력은 모든 인간이 소지한 보편적이면서도 가장 고차원적인 인지능력이라 볼 수 있다(Osborn, 1963).

◆ 유아기의 상상력 발달은 아동기의 논리적 사고력 발달에 기초가 된다

[그림 1-12]에서 보듯이, 인간의 생애에서 상상력 발달과 논리적 사고력 발달이

각기 다른 시기에 시작되고 있지만, 두 영역의 발달은 매우 밀접하게 관련되어 있다. 감각운동기의 대상영속성의 발달은 그 이후 전조작기 발달에 기반이 되어 논리적 사고력의 발달에 결정적인 영향을 미치기 때문이다. 즉, 유아기에 급격한 발달을 이루는 상상력은 추후 아동기에 시작되는 논리적 사고력 발달에 기초가 되므로, 상상력의 발달 없이 논리적 사고력 발달은 결코 이루어질 수 없다.

◆ 유아기의 상상력 발달은 창의력 발달의 시작이자 핵심적인 기반이다

상상이 과거의 기억이나 경험, 지식을 기반으로 머릿속에서 새로운 형상을 만들어 내는 것이라면, 창의력은 상상과 기존의 것에 새로운 의미를 부여하고 새로운 무언가를 만들어 내는 능력을 말한다. 즉, 상상은 환상 속에서 새로운 것을 만드는 것이고 창의력은 상상과 논리적 사고를 기반으로 현실 속에서 새로운 것을 실현시키는 것으로 상상을 현실화하는 능력이다(박혜정, 김후성, 2014). 이처럼 상상력과 창의력은 불가분의 관계를 맺고 있다. 특히 유아기의 상상력 발달은 창의력 발달의 시작을 알리는 것이며, 상상력 발달이 제대로 이루어지지 않으면 창의력 발달 역시 기대하기 어렵다.

이와 같이 유아기의 상상력 발달은 논리적 사고력과 창의력 발달에 중요한 역할을 하는 인지적 활동이다. 또한 상상력은 모든 언어가 지니고 있는 한계를 메워 주는 가장 간단한 수단이자 유일한 방법이기도 하다(김진송, 2011). 교육현장에서 "선생님, 빨간 꽃에서 노란 냄새가 나요." "노란 냄새는 하늘로 높이 날아 올라가서 하얀 솜사탕 구름과 손을 잡아요."라는 아이들의 상상 가득한 아름다운 말을 쉽게 들을 수 있다. 아이들은 선생님에게서 "자, 이렇게 하는 것이 상상하는 것이란다."라고 배우지 않아도 할 수 있는 것이 바로 상상이다. [그림 1-13]에서 보듯이, 오감으로 경험하는 감각적 상상력, 재미있는 이야기를 만들어 내는 서사적 상상력, 그리고 과학적이고 논리적인 사고력이 만들어 내는 논리적 상상력의 결합으로 창의적인 결과물이 탄생하게 되는 것이다(김진송, 2011).

특히 정보 · 감성 사회에서 상상력의 부족은 남과 다른 독특한 아이디어를 내지 못하는 정도의 문제에서 그치지 않는다. 자신의 삶에 대한 상상력, 세계와 일상 그리고 자아를 창조하거나 변형시킬 수 있는 상상력이 필요한 시대이기 때문이다(김찬호, 2008).

[그림 1-13] 감각적 상상력, 서사적 상상력, 논리적 상상력의 결합

따라서 교육은 학습자가 풍부하게 상상할 수 있도록 상상의 밑거름이 되는 의미 있는 경험을 제공하고, 마음껏 상상할 수 있는 분위기와 환경을 조성해 주는 데 주력해야 한다. 남들과 다른 방식으로 사물을 보고 상상하며, 당연한 것을 다르게 보고, 호기심을 가지고 '왜 그럴까?'라는 의심을 해 보고, 관련이 없는 것들을 서로 연결하며 조화롭게 융합해 보고, 새로운 문제를 찾아낼 수 있어야 한다. 학습자는 이러한 창조의 과정에서 충분히 몰입하는 즐거움과 만족감을 느낄 수 있으며, 깨달음과 통찰을 얻고, 보다 나은 의미 있고 창의적인 결과를 향해 나아갈 수 있게 된다.

2) 감성교육

정보통신기술이 급격하게 발달한 정보사회는 디지털 기술로 의사소통하는 시대(digital communication age)이다. 수십만 년 전 수렵인들의 '언어혁명' 이후 언어는 인류 역사 속에서 중요한 의사소통의 도구로 활용되었으며, 삶에 필요한 정보와 지식을 축적하고 공동체를 이루며 문화를 발전시키는 원동력이 되었다. 그리고 사회의 변화에 따라 말(구술), 문자와 인쇄물, 전자영상매체로 끊임없이 그 형태를 변화시켜 왔다.

지금 우리가 경험하는 최첨단 디지털 기술은 현실세계와 가상세계를 넘나들면서 우리에게 새로운 상상과 꿈의 세계를 열어 주는 마법의 통로와 같다. 디지털 커뮤니케이션 시대를 살아가고 있는 현대인이라면 누구나 한번쯤은 4차원(4-dimension: 4D) 영화를 경험해 보았을 것이다. 2차원(2-dimension: 2D)의 평범한 영화에서는 상상할 수 없는 오감각의 경험이 4D 영화에서는 가능하다. 입체적인 영상뿐만 아니라 흔들리는 의자, 바람의 느낌, 현실감 있는 음향효과, 냄새를 직접 체험하면서 더욱 현실감 있고 생생하게 영화를 즐길 수 있다.

산업사회를 거쳐 온 현대인들은 자동화된 기계 덕분에 힘든 육체노동에서 벗어나 육체적인 안락함을 누릴 수 있게 되었다. 그러나 새롭고 창의적인 아이디어 창출에 에너지를 쏟으며 정신노동에 시달리고 있는 현대인들은 오래전에 수렵인이 생존을 위해 사용했던 직접적이고 감각적인 경험을 그리워하며 그것에서 삶의 재미를 느끼고자 한다(Jensen, 2014). 왜 우리는 육체노동을 줄이려고 하면서도 4D 영화처럼 감각적 자극을 몸으로 직접 느끼며 즐기고자 하는 것일까? 1905년에 있었던 할로우(Harlow)의 아기 원숭이 애착 실험에서 그 실마리를 찾아볼 수 있다.

할로우는 우유병이 달려 있는 철사 엄마와 헝겊을 씌운 부드러운 천 엄마를 사이에 두고 아기 원숭이의 반응을 관찰한 결과, 아기 원숭이의 성장에 결정적으로 영향을 미쳤던 것은 철사 엄마가 아닌 천 엄마였다는 것을 밝혀냈다. 아기 원숭이는 배고픔을 채워 줄 수 있는 철사 엄마보다 따뜻하고 부드러운 천 엄마에게서 더 오랜 시간을 지냈으며, 천 엄마 곁에서 지낸 아기 원숭이만 정상적으로 성장할 수 있었다. 결국 아기 원숭이가 성장해 나가는 데는 물질적 만족감보다 정서적 안정감과 유대감이 매우 중요하며, 이러한 결과는 인간에게도 예외 없이 적용된다. 산업사회는 우유병이 달려 있는 철사 엄마처럼 인간 사회에 물질적 풍요로움을 안겨 주었지만, 인간의 내면 깊숙이 자리하고 있는 정서적 안정감과 유대감에 대한 갈망은 해결해 주지 못한 것이다. 그리고 정보사회의 디지털 커뮤니케이션은 그간 잊고 살았던 인간의 감성을 되살리는 기회가 되었다.

감성은 보통 이성과 대비되는 말로, 감정, 정서, 느낌, 감수성 등의 용어와 매우 혼용되고 있다. 감성을 한마디로 정의하기는 어려우나, 사전적 · 심리적 의미와 개념들을 종합해 보면 다음과 같다. 첫째, 마음과 감정 그리고 동요나 혼란된 정신적 상태 혹은 내부에서 일어나는 심리적 체험이고, 둘째, 오감을 통해 감지하고 심리적으로 판단하는 인지 과정 전반과 직감적 능력 등이 복잡하게 반응하며, 셋째, 일정 기간의 자극과 경험을 통해 개발이 가능하다(김재은, 홍순정, 2012). 또한 감성은 어느 특정한 사람, 특정한 공간, 특정한 시간 속에서만 나타나는 것이 아니라 일상 속에서 그 어느 누구에게라도 존재하고 경험하고 인지하는 것으로, 이미 '사회화'되어 있고 '역사화'되어 있다(최기숙, 소영현, 이하나, 2014).

지난 산업사회는 이성과 감성을 마치 물과 기름처럼 분리하여 감성보다는 이성적 사고를 우위에 두었던 이성 중심 사회였다. 왜냐하면, 오로지 직접 경험으로 얻은 정보를 논리적 · 체계적으로 분석하는 이성적 판단에만 가치를 두고 물질적 풍요를 위해 전진해 왔던 사회였기 때문이다. 이처럼 과학적 사고방식에 익숙해져 있었던 산업사회에서는 개개인이 마음으로 공감하고 느끼는 감성의 가치를 낮게 평가하고 드러내기를 꺼렸던 것이다. 그러나 상상력과 창의력을 원동력으로 하는 정보사회의 특성과 의사소통 환경의 변화로 인해 더 이상 논리적이고 합리적인 이성의 힘만으로 살아가기가 어렵게 되었다. 많은 미래학자는 정보사회에 이어 감성사회(dream society)가 도래할 것이라 예견하였고(Jensen, 2014; Naisbitt & Aburdene, 1997; Pink, 2012), 그들의 예견처럼 현재 우리는 정보사회와 함께 감성사회를 살아가고 있다.

(1) 공감 교육

디지털 커뮤니케이션, 즉 뉴 미디어를 통한 의사소통 방식은 말과 글을 읽고 해독하여 정보를 주고받는 사회가 아니라 그림과 음악, 영상 등으로 의미를 주고받는 감성 공동체 사회, 즉 휴먼 네트워크 사회로 변화시켰다. 우리는 이제 이성을 중심으로 한 사고방식에서 벗어나 감성으로 사람의 마음을 움직이는 사회를 살아가게 된 것이다. 그러나 정보 · 감성 사회는 단순히 이성보다 감성이 더 중요해진 사회를 의미하는 것이 아니라, 그간 우리가 소홀히 다루었던 감성의 중요성을 드러내어 궁극적으로는 이성과 감성의 조화를 추구하는 사회를 말한다. 이에 대해 미래학자 핑크(Pink)는 현대 사회를 '개념과 감성의 시대', 즉 하이테크놀로지(high-technology)를 기반으로 한 하이컨셉(high-concept)과 하이터치(high-touch) 시대로 일컬으며, 다음과 같이 설명하고 있다(Pink, 2012).

- 하이컨셉이란 예술적 · 감성적 아름다움을 창조하는 능력이다. 이는 트렌드와 기회를 감지하는 능력, 훌륭한 이야기를 만들어 내는 능력, 관계없어 보이는 아이디어를 결합해 뛰어난 발명품을 만들어 내는 능력이다.
- 하이터치는 공감을 이끌어 내는 능력이다. 인간관계의 미묘한 감정을 이해하는 능력, 한 사람의 개성에서 다른 사람을 즐겁게 해 주는 요소를 도출해 내는 능력, 평범한 일상에서 목표와 의미를 이끌어 내는 능력이다.

이와 같이 정보 · 감성 사회를 살아가는 현대인들은 예술적 · 감성적 아름다움을 추구하고 타인에게 공감하면서 가치 있고 행복한 삶을 살아가고자 한다. 그래서 제3차 산업혁명 이후 도래한 정보 · 감성 사회를 '공감의 시대(the empathic civilization)'라고 부른다(Rifkin, 2010). 공감(共感)이란 '타인의 의견이나 감정, 생각 등에 대해 자기도 그렇다고 느끼는 것 또는 그러한 기분'을 말하며(구글, 2018), 다른 사람들의 마음을 상하게 하는 것은 무엇인지 이해하고 유대를 강화하며 배려하는 정신을 갖추는 것을 공감 능력이라고 한다(Pink, 2012). 이와 같은 정의에 기초하여 공감의 특성을 정리해 보면 다음과 같다(임동욱, 2015; Gordon, 2010).

- 공감은 타인의 감정과 생각, 입장을 이해하는 능력이며, 타인의 감정과 관점에 적절히 반응하는 능력이다.
- 공감은 인간만이 가지는 특별한 능력으로, 상대방의 생각과 감정을 이해하는 인지 능력이 선행되어야 한다.
- 공감은 사회적 관계를 맺는 중요한 기반이 된다. 특히 상호 의존 관계를 맺는 데 중요한 역할을 하며, 이는 공동체 안에서 이타적 행동과 공공의 선을 추구하는 행동에 영향을 미친다.

이와 같이 자신과 타인에 대한 이해를 바탕으로 사회적 관계 형성에 기반이 되는 공감 능력은 가드너(Gardner)의 다중지능 중 대인관계지능(interpersonal intelligence)과도 연관된다. 대인관계지능은 타인의 느낌과 의도 간의 차이를 식별하고 문제해결에 이러한 능력을 적용하는 것으로, 대인관계지능이 높은 사람은 타인에 대한 공감 능력과 감정이입 능력도 높다는 것이다(Gardner, 1983). 따라서 정보 · 감성 사회를 공감의 시대라고 부를 만큼 공감 능력이 중요해진 것은 따뜻하고 감성적인 사회적 관계 맺음, 즉 휴먼 네트워크가 중요한 사회라는 점을 드러내 주는 것이다.

이렇게 감성적인 휴먼 네트워크를 형성하며 살아가는 사람들은 지식과 정보에 근거한 사실을 논리적으로 주장하는 것만으로 서로의 마음을 움직이기 어렵다. 오히려 가치와 의미를 드러내어 마음으로 느끼고 공감하게 하는 것이 더 효과적이다. 예를 들어, 마트에서 물건을 구입할 때, [그림 1-14]와 같이 기능이 똑같은 두 가지 종류의 상품이 진열되어 있다면 이 중 어떤 상품을 구입하겠는가?

[그림 1-14] 소비자들의 상품 선택 기준

[그림 1-14]에서 제시된 세 종류의 상품 중에서 상당수의 소비자들은 더 비싼 비용을 지불하더라도 초원에서 방목한 닭을, 태풍에서 살아남은 행운의 사과를, 헌 방수천으로 만든 하나밖에 없는 가방을 선택할 것이다. 소비자들의 마음을 움직인 것은 상품의 가격이나 기능성이 아니라 상상력을 자극하는 이야기나 동물에 대한 윤리적 가치와 의미인 것이다(Jensen, 2014). 실제로 태풍에서 살아남은 행운의 사과는 '합격사과'로 매년 입시철이 되면 비싼 값에 팔리고 있으며, 헌 방수천을 재활용한 수제 가방을 판매하여 유명해진 기업도 있다.

또한 불과 얼마 전까지만 해도 취업을 앞둔 청년들은 너도나도 기업이 원하는 스펙의 양을 늘려서 자기소개서에 빼곡히 기록하였다. 그러나 점차 상대방에게 '나'의 존재를 드러내는 것은 단순한 사실의 나열에 그치는 '스펙'이 아니라 면접관들의 공감을 얻고 마음을 움직일 수 있는 'history(his story)'라는 점을 깨닫게 되었다. 이제는 '스토리가 스펙을 이기는' 세상이 된 것이다(김정태, 2010). 단순한 사실의 나열은 주관적인 감정이 배제되어 있으며, 특정한 맥락도 없다. 그러나 이야기에는 정보와 지식, 맥락, 감정 등이 하나의 치밀한 패키지로 압축되어 있다(Pink, 2012). 그래서 우리는 잘 구성된 이야기를 들으면 감동을 받으며 공감하고, 오랫동안 기억에 남고, 마음을 움직여 행동으로 옮기게 된다. 그래서 이야기는 정보와 지식을 효과적으로 기억하는 방식으로 활용되고 있다(Pink, 2012). 이것이 바로 이야기의 힘이며, 공감의 힘이다.

이상에서 살펴본 바와 같이, 우리는 지금 디지털 커뮤니케이션 시대와 공감의 시대로 대변되는 감성사회를 살아가고 있다. 감성사회를 살아가는 현대인들은 이전 산업사회에서 절대적 가치로 여겼던 재화나 부의 축적보다 개개인이 삶의 질과 행복을 추구해 나가고자 하며, 사람의 마음을 움직이는 방향을 미리 읽어 내어 자신만의 가치를 찾아가고자 한다(박용후, 2013; Jensen, 2014). 공감으로 맺어진 연대감은 휴먼 네트워크를 더욱 강하게 만들어 주고 있으며, 디지털 환경 이면에서 발생하는 수많은 위험에 대처할 수 있는 강력한 힘이 되고 있다. 그렇다면 정보 · 감성사회의 교육은 디지털 커뮤니케이션 환경과 휴먼 네트워크 속에서 공동체적 삶이 가능한 인재를 양성해야 할 과제를 안게 된 것이다. 그리고 그것은 결국 다양한 상징을 해석할 수 있는 문해 능력과 깊이 있는 인성교육으로 이어질 것이다.

(2) 이성과 감성이 조화를 이루는 교육

제인 오스틴(Austen, 2016)의 유명한 소설『이성과 감성(Sense and Sensibility)』에는 '이성'과 '감성'을 대변하는 두 자매가 주인공으로 등장한다. 이성적 삶을 추구하는 언니 엘리너(Elinor)는 침착하고 바른 판단을 중시하는 반면, 감성적 삶을 추구하는 동생인 메리앤(Marianne)은 감정과 열정에 자신을 맡기는 삶을 살아간다. 두 자매의 연애와 결혼을 소재로 한 이야기는 결국 이성과 감성의 균형과 조화를 통해 진실한 사랑과 완전한 삶으로 나아갈 수 있음을 독자에게 전하고 있다. 이렇듯 인간은 시대와 상관없이 이성과 감성의 조화로운 삶을 갈망하지만, 시대에 따라 그 중요도에 차이가 있었다. 산업사회로 변화되고 과학의 발전이 지속되는 동안 자연스럽게 우리 사회는 합리적이고 냉철한 이성적인 존재로서의 인간상을 지향해 왔다. 그러나 한층 복잡하고 다면화된 사회에서 나타나는 인간 행동의 많은 부분은 논리적이고 이성적인 판단보다 감성적인 측면으로 이해되거나 설명되고 있다. 즉, 현대인들은 경험적으로 습득한 긍정적인 정서를 바탕으로 감성이나 기분에 의해 판단을 내리고 행동하는 경향이 많아진 것이다(오현숙, 양문희, 2016). 또한 디지털 커뮤니케이션 사회의 소통 방식은 논리적이고 이성적인 사고만으로 이해하기 어려우며, 동시적이고 통합적인 감성적 사고방식이 작용해야 한다.

일반적으로 이성(理性, reason)은 인간을 동물과 구별시키는 인간 특유의 뛰어난 능력으로 간주되어 왔으며, 사물의 이치와 원리를 알아내는 힘, 지성, 논리적 · 개념적으로 생각하는 힘을 의미한다(위키피디아, 2018). 이성적으로 사고한다는 것은 문제해결에 대해 계획적이고 분석적으로 접근한다는 것이고, 많은 선택과 판단에서 올바른 결정의 핵심 열쇠가 되고 있다(Rosenzweig, 2014). 반면, 감성은 정서, 감정, 느낌, 분위기 등을 총칭하는 것으로(김재휘 외, 2009), 인간의 마음을 움직이고 이성을 지배하는 강력한 힘을 가지고 있다(강신장, 황인원, 2014; 김태정, 2014). 이성적 동물인 인간을 움직이는 힘을 가진 감성은 다음과 같은 특성이 있다(오현숙, 양문희, 2016).

- 감성은 보편성이 있다. 인종이나 문화를 뛰어넘어 누구나 인간이면 누구나 느낄 수 있는 공통의 감성이 존재하기 때문이다.
- 감성은 행동경향성이 있다. 감성은 주관적 경험에 그치지 않고 특정한 행동을 일으키기 때문이다.
- 감성은 자동성이 있다. 감성은 의도적으로 계획하거나 의식적으로 통제하기 어렵고, 대상에 대한 반응이 빠르게 작동하며 자동적으로 발생하기 때문이다.
- 감성은 학습된다. 인간의 감성은 선천적으로 타고나는 것이기도 하지만, 특정 대상에 대한 감성 반응은 대부분 학습에 의한 것이기 때문이다.
- 감성은 변화성이 있다. 감성은 지속성이 약하고 쉽게 변화하기 때문이다.

이처럼 이성과 감성은 각기 다른 특성을 가지고 있으며, 일반적으로 이성적 사고는 좌뇌에서, 감성적 사고는 우뇌에서 담당하고 있는 것으로 알려져 있다.

[그림 1-15]에서 보는 바와 같이, 좌뇌는 '언어뇌'라고도 하며, 언어구사능력을 비롯하여 문자와 숫자, 기호 등을 이해하고 분석적 · 논리적 · 체계적 · 합리적 사고를 담당하고 있다. 이에 반해 우뇌는 '이미지뇌'라고도 하며, 공간적 위치 지각, 전체적

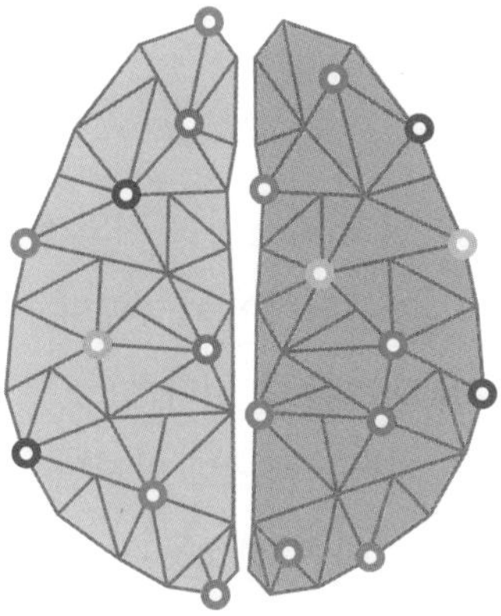

[그림 1-15] 좌뇌와 우뇌의 역할

인 상황이나 맥락 파악, 직관적이고 감각적인 사고, 사회성과 관련된 능력, 아름다움을 느끼고 표현하는 능력 등을 담당하고 있다. 좌뇌와 우뇌가 이렇게 각각 담당하는 역할이 다를지라도, 실제로 대부분의 인간 활동에는 좌뇌와 우뇌 중 어느 한 쪽만 작동하는 것이 아니라 양쪽 뇌가 모두 개입하고 있다.

앞에서 살펴본 바와 같이 정보 · 감성 시대의 디지털 커뮤니케이션은 사람들의 의사소통 방식을 변화시켰고, 이로 인해 사람들의 사고방식에도 변화를 가져왔다. 또한 인공지능과 함께 살아가게 될 미래 사회는 논리적이고 이성적 · 지성적인 차가운 머리를 쓰는 직업보다 따뜻한 가슴의 감성적인 직업에 대한 수요가 계속 증가할 것으로 예상되고 있다(주삼환, 2016). 인간의 상상 속에서만 펼쳐졌던 공상과학 영화들이 점차 현실화되고 있는 현대 사회에서 앞으로 펼쳐질 세상은 우리의 상상을 뛰어넘을지도 모른다. 이러한 불확실성의 시대에 우리의 2세들이 꿈을 키우며 스스로 미래사회를 만들어 갈 수 있는 능력을 키워 주어야 하는 것이 교육의 역할이다. 이에 합리적이고 논리적인 이성적 사고뿐만 아니라 공감하고 느끼는 감성능력을 함께 길러 주어 좌뇌와 우뇌가 모두 작동하는 교육, 즉 이성과 감성이 조화를 이루는 교육이 이루어져야 한다. 이러한 교육은 곧 창의융합형 인재 양성을 위한 교육과 직결된다.

그간 소홀히 취급해 왔던 감성교육은 최근 골먼(Goleman)이 제시한 감성지능(Emotional Intelligence: EI)으로 중요성이 더욱 부각되고 있다. 감성지능은 자아의식, 자아규제, 동기, 공감, 사회적 기능을 포함하고 있으며, 그 내용을 살펴보면 다음과 같다(신은희, 2014; Goleman, 1996).

- 자아의식(self-awareness): 현재 자신이 가지고 있는 감정 상태를 스스로 인식하는 감성지각 능력이다. 자아의식이 가능해야 적절한 감정 표출이 이루어질 수 있으며, 미래의 행동을 대비할 수 있다.
- 자아규제(self-regulation): 자아의식으로 인지된 자신의 기분과 감정을 조절하는 감성관리 능력이다. 이는 마치 신호등과 같은 역할을 하여 자신의 감정 상태에 따라 더 나아갈 것인지 혹은 멈춰야 할 것인지를 판단하고 자신의 내면을 조절할 수 있도록 도와준다.
- 동기(motivation): 어려운 상황에도 낙담하지 않고 몰입하는 감성 동기화 능력이다. 이는 삶에 대한 열정으로 열심히 살아갈 동기를 스스로에게 부여하여 유능하고 도전을 즐기며 효율적으로 일하도록 도와준다.
- 공감(empathy): 감정이입으로 타인의 느낌을 이해하는 공감적 이해 능력이다. 이는 상대방의 표정이나 눈빛, 말투, 목소리, 몸짓 등 다양한 채널을 통해 상대가 보내는 신호를 해독하여 의사소통할 수 있도록 도와준다.
- 사회적 기능(social skills): 다른 사람과 서로 조화롭게 협력하는 사회적 감성 표현 능력이다. 이는 공동체 속에서 타인을 존중하고 배려하며 협력하여 긍정적인 사회적 관계를 맺고 유지하는 데 도움을 준다.

이와 같이 감성교육은 자신의 내면과 타인에 대한 이해, 공동체 속에서의 삶을 모두 포함하여 실시되어야 한다. 따라서 감성교육은 자신의 내면을 면밀히 관찰하는 자기성찰, 타인의 감정 이해와 공감, 자기와 타인 이해를 바탕으로 한 관계 형성 과정에서 이루어질 수 있다. 나의 이야기를 만들어 가는 내러티브를 통해서, 아름다운 이야기를 담고 있는 문화예술작품을 통해서, 수많은 이야기가 만들어지는 놀이를 통해서, 그리고 공감과 감동을 주는 일상의 삶을 통해서 개개인에게 의미 있는 감성교육이 실행될 수 있을 것이다.

따라서 감성사회의 교육은 논리-분석적 사고능력뿐만 아니라 삶의 맥락에서 사실과 이론, 꿈을 다루는 이야기인 내러티브(narrative)를 통한 의미의 재창조와 상상력을 계발시킬 수 있도록 재편되어야 한다(McEwan & Egan, 2017). 이와 같은 논리-

분석적 사고와 내러티브 사고의 조화는 창의적이고 문화예술적인 유아교육과정 개발에 중요한 질적 요소가 되고 있다(최윤정, 2014b).

(3) 앎과 실천이 균형을 이루는 교육

'안다는 것'이 무엇인가? 정보사회가 도래하면서 지식을 얻고 생성하는 물리적 기반이 변화되어 '안다는 것'에 대한 개념도 바뀌고 있다. 일반적으로 '안다는 것'은 특정한 물건이나 사람, 혹은 추상적인 어떠한 것을 이해할 수 있거나 그에 대한 지식이 있다는 것을 의미한다(위키피디아, 2017d). 따라서 '안다는 것'에는 개인의 정신적인 활동이나 교육이 개입되며, 주제에 대해 해석하고 비평하는 정신적인 사유 과정이 포함된다(오홍명, 2014).

이전 산업사회에서는 마치 공장에서 표준화된 제품을 조기에 대량생산하는 것처럼, 교육도 표준화된 인력을 최대한 배출하는 것이 목적이었다. 학습자는 교사(교과서)에서 주어진 지식과 정보를 암기하여 최대한 많이 머릿속에 저장하고, '누가 가장 많이 암기하였는가?' '누가 가장 정답을 많이 맞혔는가?'를 평가받았다. 따라서 이전 산업사회의 교육은 질(質)보다 양(量)을 추구하는 교육이었다고 할 수 있다(주삼환, 2016). 한편, 대중들에게 보급된 활자화된 책은 의미를 해석하고 비평하고 보다 깊이 있게 사유하는 정신적 활동의 도구로 활용되어 보다 깊이 있는 삶을 가능하게 하였다. 그러나 정보사회에서는 모든 정보가 디지털화되어 데이터와 정보라는 이름으로 가상공간에 무제한으로 축적되어 있다. 따라서 누구나 필요한 지식과 정보를 손쉽게 얻을 수 있게 되어 사람들은 더 이상 무지(無知)를 벗어나기 위해 머릿속에 저장할 필요가 없어졌다. 그리고 이러한 현상은 인간의 뇌구조에도 변화를 주어 집중력, 기억력, 사색 능력이 퇴화되고 있으며, 깊이가 얕고 가벼운 지식을 양산해 내는 결과를 가져오고 있다(Carr, 2011).

그렇다면 현대 사회에서 '안다는 것'은 무엇인가? 정보 · 감성 사회는 일과 삶의 균형(work-life balance)을 추구하는 사회이며, 더 나아가 일과 삶의 통합(work-life integration)을 추구하는 사회이다. 수많은 정보와 지식이 가상공간에 축적되어 있는 정보사회에서 '안다는 것'은 이전처럼 한 개인의 인식론적 정신활동에 그치지 않는다. 오히려 가상공간의 정보와 지식을 실생활에서 어떻게 활용하는가가 더 중요해졌고, 그것이 곧 '안다는 것'과 연결되고 있다. 따라서 이제는 삶과 동떨어진 교육이 아닌, 삶과 앎이 통합되는 교육이 필요한 시대가 된 것이다(주삼환, 2016).

사실 앎과 실천이 균형을 이루는 교육이 되어야 한다는 것은 이미 오래전부터 교육의 지향점으로 강조되어 왔다. 그중 하나가 지행론(知行論)이다. 올바른 판단과 올바른 실천은 앎과 실천의 양면적 조화와 성장에서 가능한 것이며, 앎과 실천이 일치해야 한다는 것이다(한국민속문화대백과사전, 2018). 또한 "나는 듣고 잊는다. 나는 보고 기억한다. 나는 행하고 이해한다."라는 중국의 격언(Root-Bernstein & Root-Bernstein, 2001)에서도 앎과 실천이 함께해야 함을 강조하고 있다. 코메니우스(Comenius), 페스탈로치(Pestalozzi), 프뢰벨(Froebel) 등과 같은 교육사상가들도 직접 행하고 실천하는 교육이 필요함을 주장하였다. 특히 듀이(Dewey)는 경험이 계열성 있게 반복되면서 연속해서 제공될 때 학습자 개개인에게 의미 있는 경험이 될 수 있다고 하였으며, 경험은 곧 교육의 시작이라고 말한 바 있다(엄태동, 2001). 이처럼 오래전부터 앎과 실천의 균형 있는 교육에 대한 중요성과 필요성은 지속적으로 강조되어 왔다. 그러나 물질적 가치가 중요시되었던 산업사회를 거치면서 표준화된 제품을 조기에 대량생산하는 공장처럼 교육도 표준화된 인력을 최대한 배출하고자 암기식 · 주입식 교육이 성행하게 되었다. 점차 삶과 분리된 '앎'에 치우친 교육으로 균형을 잃어 가면서 아는 것을 실천하고 경험하는 교육으로 이어지지 못하게 된 것이다.

앎과 삶이 통합된 정보 · 감성 사회에서 교육은 이제 역량(competency)을 강조하는 방향으로, 기초교육과 실용교육이 균형을 이루는 교육으로, 앎과 실천이 순환하는 심층학습(deep-learning)으로 전환되어야 할 것이다(김운종, 2009; 김태완, 2018; 주삼환, 2016). 그리고 이것은 교육의 양보다 교육의 질을 추구하는 교육으로 전환되어야 함을 의미하는 것이다.

(4) 삶의 의미와 가치를 추구하는 교육

모니카 페트(Feth, 2016)의 『행복한 청소부(The happy street sign cleaner)』 이야기 속에서 헤르만 헤세(Hermann Hesse)의 "행복은 '무엇'이 아니라 '어떻게'의 문제이다."라는 말을 떠올리게 된다(최인철, 2016). "나는 지금 지구의 한 모퉁이를 청소하고 있다네!"라고 말하며 행복하게 웃음 짓는 청소부의 모습은 독자로 하여금 행복의 기준이 무엇인지를 생각하게 만든다. 소득이 많으면 행복한가? 행복을 경제적 가치로 계산하면 얼마나 될까? 무엇을 위해 일하고 있는가?

우리는 행복추구권(幸福追求權)을 가지고 있다. 인간의 존엄과 가치는 「대한민국

헌법」 제10조 제1문에서 인간의 행복추구권을 국민의 기본권으로 보장하고 있으며, 안락하고 만족스러운 삶을 추구할 수 있는 권리, 고통이 없는 상태나 만족감을 느낄 수 있는 상태를 실현하는 권리로 정의하고 있다(국가법령정보센터, 2018). 행복이 무엇인지 한마디로 정의하기 어렵지만, 행복이란 즐거움, 설렘, 뿌듯함, 자부심, 영감과 같은 감정들의 조합으로(최인철, 2018), 시대의 흐름에 따라 행복을 보는 관점도 달라지고 있다. 자연의 힘에 의존하던 농업사회에서는 행복을 외적인 힘에 의한 '우연'이나 '행운'과 연관 짓는다. 그러나 과학이 발달한 산업사회에서는 행복을 외적인 힘에 의해 우연히 주어지는 것으로 보기보다는 개인이 적극적으로 개입하여 추구할 수 있는 것으로 여긴다(최인철, 2018). 그래서 행복하기로 결심해야 하고, 착하고 바르게 살아야 하고, 절제하고 노력해야 행복해질 수 있다(홍용희, 나영이, 장현진, 김혜전, 전우용, 2013). 결국 현대 사회에서 행복이란 개인이 자기주도적으로 의미 있는 삶을 만들어 나가면서 도덕적 가치를 실현하는 것으로 정의할 수 있다.

인터넷에서 행복지수가 높은 나라를 검색하면 노르웨이나 핀란드와 같은 북유럽 국가들이나 부탄, 네팔, 코스타리카 등과 같은 아시아나 중미 국가들이다. 이제는 소득수준이 높은 미국이나 일본, 유럽 국가들이 순위를 차지하지 못하는 것에 더 이상 놀라지 않는다. 이러한 현상은 '이스털린의 역설(Easterlin's paradox)'로 설명될 수 있다. 즉, 일정 소득 이상에서는 소득이 증가해도 행복이 증가하지 않는다는 것이다(Easterlin & Angelescu, 2009). 다른 한편으로 짧은 기간 동안 경제 성장, 민주화, 복지화의 발전 과정을 경험하고 있는 한국을 포함한 동아시아의 경우, 높은 소득수준에도 불구하고 이에 상응하는 삶의 질로 전환하는 데 실패한 것에 원인이 있다(서문기, 2015).

산업사회를 살아가는 동안 사람들은 물질적 풍요로움을 꿈꾸며 부를 축적해 왔다. 경제적으로 풍요로워진 사람들은 이제 물질적 재화보다 자신의 삶에서 의미를 발견하고 가치를 추구하며 아름다운 삶을 살아가기를 희망하고 있다. 더군다나 유전공학과 의학기술의 발달로 요람부터 무덤까지 평균 수명 120세를 넘나드는 생명 연장의 꿈을 이루는 날도 머지않았다. 정보 · 감성 사회를 살아가는 사람들은 이제 더 이상 GNP(Gross National Product)나 GDP(Gross Domestic Product) 등과 같은 물질적 재화로 행복을 측정하지 않는다.

최근 흔히 들을 수 있는 '워라밸(work-life balance)' '미니멀 라이프(minimal life)' '휘게(hygge)' '라곰(lagom)' '소확행(작지만 확실한 행복)' 등과 같은 용어들, 저녁이 있는 삶을 위한 52시간 근무제 등이 모두 이러한 맥락에서 등장하였다. '인간 삶 자체가 놀이'라는 호이징아(Huizinga, 2010)의 말처럼 유비쿼터스 환경은 우리 삶을 더욱 감성적이고 아름다운 놀이로 만들어 주고 있다. 이에 우리는 현실에는 실재하지 않는, 그리고 이전까지 경험해 보지 못한 앞으로의 활동 공간인 '가상공간'에 주목해야 할 필요가 있다. 무한히 넓은 세계이지만 촘촘한 네트워크로 연결되어 있는 가상공간은 직접적으로 경험하는 현실세계보다도 더 유동적이고 역동적으로 움직이며 현대 사회의 변화에서 중심축이 되고 있기 때문이다. 정보 · 감성 사회의 '놀이하는 인간', 즉 '호모 루덴스(homo ludens)'는 이제 지난 산업사회의 물질적 풍요로움을 기반으로 현실세계를 놀이처럼 즐기면서 보다 가치 있고 의미 있는 삶을 영위하며 개인의 행복을 추구해 나가고 있다.

지난 산업사회에서는 미래의 안락함과 물질적 풍요로움을 꿈꾸며 모든 시간과 노력을 일에 쏟아부었다. 그러나 자동화된 기계에 인간의 일을 맡기게 되면서 사람들은 점차 끊임없는 일의 굴레에서 벗어나 소박하고 평범한 삶 속에서 가치와 의미를 추구하며 행복하게 살아가기를 희망하는 것이다.

제2장

영유아 문화문해교육의 목표

1. 자기관리 역량
2. 지식정보처리 역량
3. 창의적 사고 역량
4. 심미적 감성 역량
5. 의사소통 역량
6. 공동체 역량

정보 · 감성 사회는 상상력과 창의력을 키우는 교육, 이성과 감성이 조화를 이루는 교육, 앎과 실천이 균형을 이루는 교육, 의미 있는 삶과 행복을 추구하는 교육을 지향하고 있다. 이러한 변화에 따라 문화문해교육은 '창의융합적 문화인으로 살아가기'를 목적으로 역량(力量, competency)을 키우는 교육에 중점을 두고자 한다. 이는 급격한 사회변화에 따른 세계적인 교육의 흐름을 반영한 것으로, 우리나라 2015 개정 교육과정과도 연계되어 있다.

창의적 인재 양성에 필요한 역량교육 강화의 필요성은 OECD(2002)의 DeSeCo (Defining and Selecting Key Competencies) 프로젝트에서 부각되기 시작하였다. 현재 우리나라를 비롯한 전 세계는 기후문제, 환경문제, 초고령 사회의 도래, 저성장 시대의 도래와 같은 복잡하고 어려운 과제에 직면해 있다. OECD는 이러한 문제를 해결하는 데 더 이상 전통적인 지식과 기술에만 의존할 수 없음을 지적하고, 이를 효과적으로 해결하여 국가나 개인의 지속가능성을 높이기 위해서는 역량교육이 강화되어야 함을 강조하였다(이찬승, 2015; OECD. 2002). 특히 개인과 사회를 모두 만족시킬 수 있는 성공적인 학교교육이 되기 위해 학습자 개개인의 '핵심역량(key competency)'을 키우는 교육으로 전환되어야 함을 제안하고 있다. 그렇다면 우리 교육이 주목하고 있는 '역량'과 '핵심역량'이 무엇이란 무엇인가? 역량에 대한 정의는 매우 다양하나, OECD에서 개념화한 정의에 따라 역량과 핵심역량의 개념을 간단히 정리해 보면 다음과 같다.

- '역량'이란 지식과 인지적 · 실천적 기술뿐만 아니라 태도 · 감정 · 가치 · 동기 등과 같은 사회적 · 행동적 요소를 가동시켜 특정한 맥락의 복잡한 요구를 성공적으로 충족시키는 능력을 의미한다(OECD, 2002; Rychen, Tiana, & Ferrer, 2004).
- '핵심역량'이란 개인의 성공적인 삶과 건강한 사회를 만들어 나가기 위해 다양한 맥락과 사회의 분야에서 효과적 참여가 가능하도록 모든 사람에게 공통적으로 필요한 역량을 말한다(Rychen et al., 2004).

이와 같은 정의를 살펴볼 때, '역량'은 인지적 · 실천적 기술과 사회적 · 행동적 요소를 모두 포함하는 매우 광범위한 능력이며, 그중 성공적인 삶을 위해 사회 구성원들에게 공통적으로 필요한 역량을 '핵심역량'으로 정의하고 있다. OECD가 제시한 핵심역량에는 '이질적인 집단에서의 사회적 상호작용 능력' '자신의 삶을 자주적으로 관리할 수 있는 능력' '도구를 상호작용적으로 활용하는 능력'이 포함되며, 각 범주에 포함되는 역량의 예시는 〈표 2-1〉과 같다(OECD, 2002).

〈표 2-1〉 OECD의 핵심역량의 범주와 역량의 예시

핵심역량 범주	역량의 예시
이질적인 집단에서의 사회적 상호작용 능력	• 협업/협동 능력 • 인간관계 능력 • 갈등 관리 및 해결 능력
자신의 삶을 자주적으로 관리할 수 있는 능력	• 사회·경제적 규범 등 주변 환경을 고려하여 행동·판단하는 능력 • 자신의 인생 계획, 프로젝트를 설계·실행하는 능력 • 자신의 권리, 필요 등을 변론·주장하는 능력
도구를 상호작용적으로 활용하는 능력	• 언어, 상징, 텍스트 등 다양한 소통 도구 활용 능력 • 지식과 정보를 상호작용적으로 활용하는 능력 • 새로운 테크놀로지 활용 능력

출처: OECD(2002).

OECD가 제안한 교육개혁 방안에 따라 미국을 비롯한 주요 선진국들은 이미 핵심역량 기반 교육과정이나 핵심역량 통합 교육과정(a new way of combining competence-based and subject-based teaching and learning)을 개발하여 학습자의 역량을 키우고자 노력하고 있다(이찬승, 2018; OECD, 2012). 이뿐만 아니라 OECD는 DeSeCo 프로젝트에 이어서 2015년부터 '교육 2030: 미래 교육과 역량 프로젝트(The Future of Education and Skills: The OECD Education 2030 Project)'를 순차적으로 진행하며 교육의 변화를 주도하고 있다(윤종혁, 김은영, 최수진, 김경자, 황규호, 2016; OECD, 2018). 이 프로젝트에서는 기존의 DeSeCo 프로젝트에서 제안한 OECD 핵심역량에 근거하여 미래 사회에 필요한 역량을 다음의 세 가지로 제안하였다(한국교육과정평가원, 2018).

◆ 새로운 가치 창조하기

2030년대를 살아가기 위해서는 창의적으로 생각할 수 있어야 하고, 산출물과 서비스, 직업, 절차와 방법, 사고방식과 생활 방식, 기업, 사업 모델, 사회적 모델 등에서 새로운 것을 개발할 수 있는 역량이 필요하다.

◆ 긴장과 딜레마 해소하기

상호의존적이면서 갈등이 존재하는 세계에서 자신과 가족, 지역사회의 웰빙을 성공적으로 이루기 위해서는 자신의 목적과 인식을 다른 사람들의 관점과 조화시켜 나가는 역량이 필요하다. 긴장과 딜레마 해소를 위해서 개인은 성급한 결론을 내리는 것을 피하고, 세상이 서로 연결되어 있다는 인식하에 보다 통합된 방법으로 사고할 필요가 있다.

◆ 책임감 가지기

참신함, 변화, 다양성, 모호성을 다루기 위해서는 스스로 생각할 수 있어야 하고 다른 사람과 함께 일할 수 있어야 한다. 마찬가지로 창의성과 문제해결력은 자신의 행동이 가져오게 될 결과를 고려하는 능력, 자신이 만들어 낸 산출물의 위험 및 보상이 무엇인지 평가하고 이를 책임감을 가지고 수용하는 능력을 필요로 한다. 이러한 능력은 개인이 자신의 경험과 개인적·사회적 목적에 비추어서 자신의 행동을 반성하고 평가할 수 있는 책임감, 도덕적, 지적 원숙함을 의미한다.

OECD는 이와 같은 미래 사회의 역량을 키우기 위해 필요한 교육체제, 학습 환경, 교수 방법, 평가 방법을 개발하고자 연구를 지속하고 있으며, [그림 2-1]과 같이 'OECD 교육 2030 학습 개념틀(learning framework)'을 제시하여 역량 개념의 정의와 역량 교육의 목적 및 과정을 알기 쉽게 보여 주고 있다(OECD, 2018).

[그림 2-1]에서 보는 바와 같이, 역량을 키우는 목적은 학습자 스스로 사회를 변화시키고 자신의 미래를 형성하는 주도적 학습자가 됨으로써 자신과 사회의 안녕(질 높은 삶)을 추구하는 데 있다. 이를 위해 학습자는 교사, 친구, 부모, 지역사회의 협력하여 문해력, 수리력, 데이터 활용능력, 건강관리능력, 디지털활용능력을 키우며 '새로운 가치 창조' '긴장과 딜레마 조정' '책임 감수'에 필요한 역량을 함양하는 것이다.

이처럼 전 세계적으로 요구되고 있는 교육의 변화에 따라 우리나라도 2015년에 미래사회가 요구하는 창의융합형 인재 양성을 비전으로 학습 경험의 질을 개선하

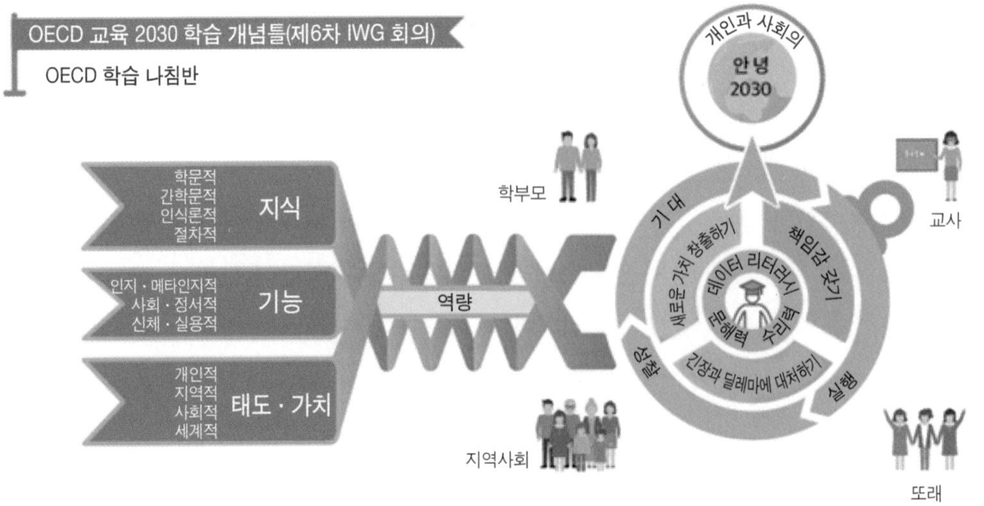

[그림 2-1] OECD 교육 2030 학습 개념틀

출처: 행복한 교육(2018).

여 행복한 학습을 보장하는 핵심역량 중심 교육과정으로 개정하였다(교육부, 2015a; 김진형, 2016; 이화선, 최인수, 2014).

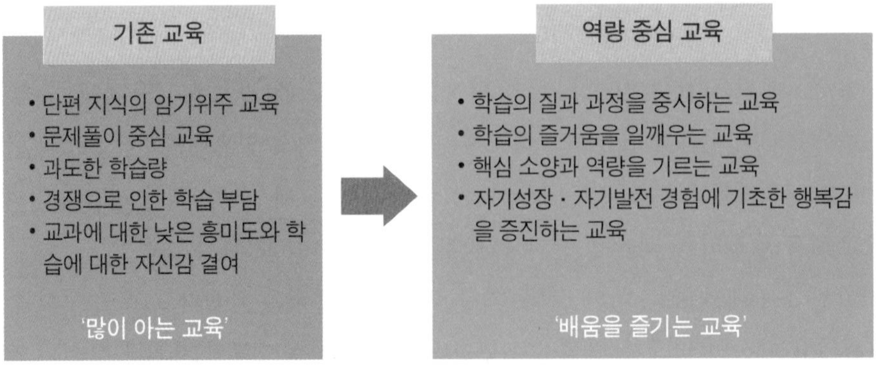

[그림 2-2] 2015 개정 초 · 중등학교 교육과정의 개선 방향

[그림 2-2]에서 살펴본 2015 개정 초 · 중등학교 교육과정은 기존의 '많이 아는 교육'에서 벗어나 '배움을 즐기는 교육'으로 변화되었으며, 2017년부터 초 · 중 · 고등학교에서 시행되고 있다. 2015 개정 초 · 중등학교 교육과정은 '바른 인성을 가진 창의융합적 인재'를 인간상으로, '자주적인 사람' '더불어 사는 사람' '창의적인 사람'

'교양 있는 사람'을 인재상으로 제시하고, 여섯 개 핵심역량 교육으로 이를 실현하고자 한다. 2015 개정 초·중등학교 교육과정에서 제시하고 있는 인재상, 핵심역량, 추구하는 인간상의 관계를 정리해 보면 [그림 2-3]과 같다.

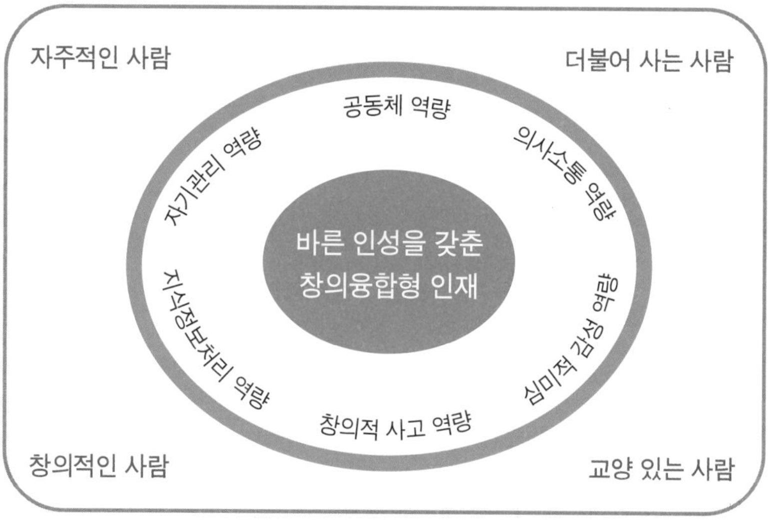

[그림 2-3] 2015 개정 초·중등학교 교육과정에서 추구하는 인간상, 핵심역량, 인재상

출처: 교육부(2015b).

[그림 2-3]에서 보는 바와 같이, 2015 개정 초·중등학교 교육과정에서 인재상으로 제시하고 있는 창의융합적 인재란 '바른 인성을 가지고 인문학적 상상력과 과학기술 창조력으로 새로운 지식을 창조하고 다양한 지식을 융합하여 새로운 가치를 창출할 수 있는 사람'을 의미한다(교육부, 2015b). 그리고 창의융합적 인재 양성을 위해 자기관리 역량, 지식정보처리 역량, 창의적 사고 역량, 심미적 감성 역량, 의사소통 역량, 공동체 역량의 여섯 개의 핵심역량 교육이 필요함을 밝히고 있다.

이와 같이 2015 개정 초·중등학교 교육과정에서 공통적으로 추구하는 인간상, 핵심역량, 인재상과 연계하여 영유아 교육과정도 이루어질 필요가 있다. 이를 토대로 영유아 문화문해교육은 창의융합적 문화인으로 살아가기를 목적으로 한다. 그리고 자기관리 역량, 지식정보처리 역량, 창의적 사고 역량, 심미적 감성 역량, 의사소통 역량, 공동체 역량을 기르는 데 목표를 둔다.

[그림 2-4] 문화문해교육의 목적과 목표

1. 자기관리 역량

자아정체성과 자신감을 가지고 자신의 삶과 진로에 필요한 기초 능력과 자질을 갖추어 자기주도적으로 살아갈 수 있는 역량

2015 개정 초 · 중등학교 교육과정에서는 자기관리 역량에 대해 다음과 같이 설명하고 있다.

> 자기관리 역량이란 자신의 삶, 학습, 건강, 진로에 필요한 기초적 능력 및 자질을 지속적으로 계발 · 관리하고, 변화하는 사회에 유연하게 적응하며 살아갈 수 있는 능력을 의미한다. 여기에는 자아정체성 확립, 자신감 획득, 자기 통제 및 절제, 기본 생활 습관 형성, 자신의 감정 조절, 건강관리, 기초 학습 능력 및 자기주도 학습 능력, 진로 개발 능력, 합리적 경제생활, 여가 선용 등의 하위 요소가 포

함될 수 있다(교육부, 2017: 40).

이와 같은 2015 개정 초·중등학교 교육과정에 제시된 자기관리 역량의 정의 및 하위 요소를 토대로 개발된 영유아 문화문해교육의 자기관리 역량 목표의 하위 목표 및 요소를 제시하면 〈표 2-2〉와 같다.

〈표 2-2〉 자기관리 역량의 하위 목표 및 요소

자기관리 역량	
자아정체성 갖기	자기존중하기, 자기이해하기, 긍정적 자아개념 갖기, 자기역할 이해하기, 자신감 갖기
자기주도하기	동기 갖기, 목표의식 갖기, 자율적으로 하기, 적극적으로 하기, 자기결정하기, 도전하기
자기조절하기	집중하기, 이완하기, 몰입하기, 감정 조절하기, 회복탄력성 갖기, 건강관리하기, 공정하기, 인내하기, 절제하기

자기관리 역량은 '자아정체성 갖기' '자기주도하기' '자기조절하기'의 세 가지 하위 목표로 세분화될 수 있다. 이 중 '자아정체성 갖기'는 자아존중하기, 자기이해하기, 긍정적인 자아개념 갖기, 자기 역할 이해하기, 자신감 갖기 등 하위 요소로 구성된다. '자기주도하기'에는 동기 갖기, 목표의식 갖기, 자율적으로 하기, 적극적으로 하기, 자기결정하기, 도전하기 등이 포함된다. '자기조절하기'에는 집중하기, 이완하기, 몰입하기, 감정 조절하기, 회복탄력성 갖기, 건강관리하기, 공정하기, 인내하기, 절제하기 등이 포함된다.

2. 지식정보처리 역량

문제를 합리적으로 해결하기 위하여 다양한 영역의 지식과 정보를 처리하고 활용할 수 있는 역량

2015 개정 초 · 중등학교 교육과정에서는 지식정보처리 역량에 대해 다음과 같이 설명하고 있다.

> 지식정보처리 역량이란 학습과 삶 등에서 직면하게 되는 문제를 해결하기 위하여 다양한 정보와 자료를 수집 · 분석 · 평가 · 선택하고, 적절한 매체를 활용하여 지식과 정보와 자료를 효과적으로 처리함으로써 합리적으로 문제를 해결할 수 있는 능력을 의미한다. 이것은 단지 컴퓨터와 인터넷을 통해 수집된 정보를 다루는 것에 제한되는 것이 아니라, 다양한 종류의 지식을 다루는 것을 포함한다. 또한 '처리'한다는 용어 역시 모든 자료를 수집 · 분석 · 평가 · 선택하여 활용함으로써 궁극적으로 합리적인 문제해결을 한다는 것을 의미한다. 이 점에서 지식정보처리 역량은 문제해결 능력과 밀접하게 관련된다. 여기에는 논리적 · 비판적 사고를 통한 문제 인식, 지식정보의 수집 · 분석 · 활용 등을 통한 문제해결 방안의 탐색, 해결 방안의 실행 및 평가, 매체 활용 능력 등의 하위 요소들이 포함될 수 있다(교육부, 2017: 40).

이를 토대로 개발된 영유아 문화문해교육의 지식정보처리 역량 목표의 하위 목표 및 요소는 〈표 2-3〉과 같다.

〈표 2-3〉 지식정보처리 역량의 하위 목표 및 요소

지식정보처리 역량	
문제 · 과제 인식하기	문제 · 과제 발견하기, 원인 · 이유 찾기, 명료화하기, 목표 구체화하기
해결책 탐색하기	다양한 정보와 자료 수집 · 분석 · 조직 · 관리 · 활용하기
해결 및 평가하기	계획 수립하기, 실천하기, 평가 · 피드백하기

지식정보처리 역량은 '문제 · 과제 인식하기' '해결책 탐색하기' '해결 및 평가하기'의 세 가지 하위 목표로 세분화될 수 있다. 이 중 '문제 · 과제 인식하기'는 문제 또는 과제 발견하기, 원인이나 이유 찾기, 명료화하기, 목표 구체화하기 등으로 구성된다. '해결책 탐색하기'에는 다양한 정보와 자료를 수집 · 분석 · 조직 · 관리 · 활용하기, 문제해결 방안 탐색하기, 해결책 결정하기 등이 포함된다. '해결 및 평가하기'에는 계획 수립하기, 실천하기, 평가 및 피드백하기 등이 포함된다.

3. 창의적 사고 역량

폭넓은 기초 지식을 바탕으로 다양한 전문 분야의 지식, 기술, 경험을 융합적으로 활용하여 새로운 것을 창출하는 역량

2015 개정 초 · 중등학교 교육과정은 창의적 사고 역량에 대해 다음과 같이 설명하고 있다.

> 창의적 사고 역량이란 다양한 영역에 대한 폭넓은 기초 지식과 자신의 전문 영역에 대한 깊이 있는 지식을 바탕으로 새롭고 독창적인 아이디어를 산출해 내고, 다양한 분야의 지식 · 기술 · 경험을 융합적으로 활용할 수 있는 능력을 의미한다. 여기에는 인지적 측면에서의 창의적 사고 기능으로 유창성, 융통성, 독창성, 정교성, 유추성 등이 하위 요소로 포함될 수 있다. 또한 정의적 측면에서의 창의적 사고 성향으로 민감성, 개방성, 독립성, 과제집착력, 자발성 등이 포함될 수 있다. 또한 서로 다른 분야의 지식과 기술들을 융합하여 의미 있고 새로운 것을 산출하는 사고 능력으로 융합적 사고도 하위 요소로 포함될 수 있다(교육부, 2017: 41).

이를 토대로 개발된 영유아 문화문해교육의 창의적 사고 역량 목표의 하위 목표 및 요소는 〈표 2-4〉와 같다.

〈표 2-4〉 창의적 사고 역량의 하위 목표 및 요소

창의적 사고 역량	
참신하게 사고하기	호기심 갖기, 독창적으로 사고하기, 변형하기, 다양화하기, 상상하기, 융통성 있게 사고하기, 유창하게 사고하기
적절하게 사고하기	맥락에 맞게 사고하기, 나은 방향으로 사고하기, 일반화 가능하게 사고하기, 조화롭게 사고하기
합리적으로 사고하기	신뢰성 있게 사고하기, 효율적으로 사고하기, 정교하게 사고하기, 객관성 있게 사고하기, 명확하게 사고하기, 논리성 있게 사고하기, 일관성 있게 사고하기, 비판적으로 사고하기

창의적 사고 역량은 '참신하게 사고하기' '적절하게 사고하기' '합리적으로 사고하기'의 세 가지 하위 목표로 세분화될 수 있다. 이 중 '참신하게 사고하기'에는 호기심 갖기, 독창적으로 사고하기, 변형하기, 다양화하기, 상상하기, 융통성 있게 사고하기, 유창하게 사고하기 등이 포함된다. '적절하게 사고하기'에는 맥락에 맞게 사고하기, 나은 방향으로 사고하기, 일반화 가능하게 사고하기, 조화롭게 사고하기 등이 포함된다. '합리적으로 사고하기'에는 신뢰성 있게 사고하기, 효율적으로 사고하기, 정교하게 사고하기, 객관성 있게 사고하기, 명확하게 사고하기, 논리성 있게 사고하기, 일관성 있게 사고하기, 비판적으로 사고하기 등이 포함된다.

4. 심미적 감성 역량

인간에 대한 공감적 이해와 문화적 감수성을 바탕으로 삶의 의미와 가치를 발견하고 향유하는 역량

2015 개정 초·중등학교 교육과정은 심미적 감성 역량에 대해 다음과 같이 설명하고 있다.

> 심미적 감성 역량이란 다양한 가치에 대한 개방적 태도와 반성적 성찰을 통해서 자신과 타인과 사회현상들을 공감하고, 문화적 소양과 감수성을 통해 삶의 의미와 사물들의 아름다움과 가치를 발견하고 향유하며, 이를 바탕으로 질 높은 삶과 행복을 누릴 수 있는 능력을 의미한다. 여기에는 문화적 소양과 감수성, 문화적 상상력, 타인의 경험 및 인간에 대한 공감 능력, 다양한 가치에 대한 존중, 정서적 안정감, 의미 있고 행복한 삶의 추구와 향유 등이 하위 요소로 포함될 수 있다(교육부, 2017: 40).

이를 토대로 개발된 영유아 문화문해교육의 심미적 감성 역량 목표의 하위 목표 및 요소는 〈표 2-5〉와 같다.

〈표 2-5〉 심미적 감성 역량의 하위 목표 및 요소

심미적 감성 역량	
감상하기	오감으로 지각하기, 아름다움 느끼기, 문화예술 교육매체(문학, 미술, 음악, 무용, 연극, 영화 등) 감상하기
표현하기	아름다움 표현하기, 문화예술 교육매체(문학, 미술, 음악, 무용, 연극, 영화 등)로 표현하기
삶의 질 추구하기	자신 · 타인 · 사회현상에 공감하기, 다문화 경험하기, 정서적 안정감 갖기, 정신적 가치 추구하기, 심미적 가치 추구하기, 생동감 있게 표현하기, 의미 있고 행복한 삶 향유하기

심미적 감성 역량은 '감상하기' '표현하기' '삶의 질 추구하기'의 세 가지 하위 목표로 세분화될 수 있다. 이 중 '감상하기'에는 오감으로 지각하기, 아름다움 느끼기, 문화예술 교육매체(문학, 미술, 음악, 무용, 연극, 영화 등) 감상하기 등이 포함된다. '표현하기'에는 아름다움 표현하기, 문화예술 교육매체(문학, 미술, 음악, 무용, 연극, 영화 등)로 표현하기 등이 포함된다. '삶의 질 추구하기'에는 자신 · 타인 · 사회현상에 공감하기, 다문화 경험하기, 정서적 안정감 갖기, 정신적 가치 추구하기, 심미적 가치 추구하기, 생동감 있게 행동하기, 의미 있고 행복한 삶 향유하기 등이 포함된다.

5. 의사소통 역량

다양한 상황에서 자신의 생각과 감정을 효과적으로 표현하고 다른 사람의 의견을 경청하여 존중하는 역량

2015 개정 초 · 중등학교 교육과정은 의사소통 역량에 대해 다음과 같이 설명하고 있다.

> 의사소통 역량이란 다양한 상황에 적합한 언어, 상징, 텍스트, 매체를 활용하여 자신의 생각과 감정을 효과적으로 표현하는 능력, 타인의 말과 글에 나타난 생각과 감정을 올바르게 이해하는 능력, 다른 사람의 의견을 경청하고 존중하며

> 갈등을 효과적으로 조정하는 능력 등을 의미한다. 여기에는 언어적 표현 능력, 타인 이해 및 존중 능력, 갈등 조정 능력 등이 하위 요소로 포함될 수 있다(교육부, 2017: 40).

이를 토대로 개발된 영유아 문화문해교육의 의사소통 역량 목표의 하위 목표 및 요소는 〈표 2-6〉과 같다.

〈표 2-6〉 의사소통 역량의 하위 목표 및 요소

의사소통 역량	
표현하기	표정 · 몸짓으로 표현하기, 상징 · 기호로 표현하기, 언어 · 비언어 · 공학 기술 등 포괄적인 도구 활용하기
의미 구성하기	정확하게 구성하기, 효율적으로 구성하기, 효과적으로 구성하기, 맥락적으로 구성하기, 관점을 갖고 구성하기, 상호작용적으로 구성하기, 조정하여 구성하기
이해하기	경청하기, 적절하게 반응하기, 내용 이해하기, 상황 파악하기, (표정 · 몸짓 · 상징 · 기호의) 의미 이해하기, 비교 · 분석하기, 화자의 의도에 공감하기

의사소통 역량은 '표현하기' '의미 구성하기' '이해하기'의 세 가지 하위 목표로 세분화할 수 있다. 이 중 '표현하기'에는 표정 · 몸짓으로 표현하기, 상징 · 기호로 표현하기, 언어 · 비언어 · 공학 기술 등 포괄적인 도구 활용하기 등이 포함된다. '의미 구성하기'에는 정확하게 구성하기, 효율적으로 구성하기, 효과적으로 구성하기, 맥락적으로 구성하기, 관점을 갖고 구성하기, 상호작용적으로 구성하기, 조정하여 구성하기 등이 포함된다. '이해하기'에는 경청하기, 적절하게 반응하기, 내용 이해하기, 상황 파악하기, (표정 · 몸짓 · 상징 · 기호의) 의미 이해하기, 비교 · 분석하기, 화자의 의도에 공감하기 등이 포함된다.

6. 공동체 역량

지역 · 국가 · 세계 공동체의 구성원에게 요구되는 가치와 태도를 가지고 공동체 발전에 적극적으로 참여하는 역량

2015 개정 초 · 중등학교 교육과정은 공동체 역량에 대해 다음과 같이 설명하고 있다.

> 공동체 역량이란 지역 · 국가 · 지구촌의 구성원으로서 요구되는 가치와 태도를 수용하고 실천하는 능력, 지역적 · 국가적 · 세계적 차원이 다양한 문제해결에 책임감을 가지고 적극적으로 참여하는 능력, 다른 사람들을 배려하고 함께 살아갈 수 있는 능력 등을 의미한다. 여기에는 시민의식, 준법정신, 질서의식, 공정성과 정의감, 참여와 책임의식, 협동과 협업능력, 나눔과 배려 등이 하위 요소로 포함될 수 있다(교육부, 2017: 40-41).

이를 토대로 개발된 영유아 문화문해교육의 공동체 역량 목표의 하위 목표 및 요소는 〈표 2-7〉과 같다.

〈표 2-7〉 공동체 역량의 하위 목표 및 요소

공동체 역량	
상호존중하기	공감 · 소통하기(필요 · 요구 이해 및 표현하기 등), 존중하기(타인의 감정 · 인권, 다양성의 이해 및 존중, 신뢰, 효, 우애, 우정 등), 배려하기(관용, 연민, 양보, 친절, 나눔, 봉사, 헌신 등), 도덕성 갖기(정직, 규칙과 질서, 정의, 윤리적 책임 등), 창의적 대인관계 맺기
참여 및 소속감 갖기	자발적으로 참여하기, 성실하게 참여하기, 책임감 갖기, 소속감 갖기, 협업 · 협동하기, 적극적으로 참여하기, 민주 시민의식 갖기, 인류애 갖기
자연과 통합하기	자연생태 체험하기, 자연의 섭리와 순환 이해하기, 인간과 더불어 사는 자연 · 생명체 · 환경 존중 및 배려하기, 생태환경 가꾸기

공동체 역량은 '상호존중하기' '참여 및 소속감 갖기' '자연과 통합하기' 등의 세 가지 하위 목표로 세분화할 수 있다. 이 중 '상호존중하기'는 공감 · 소통하기(필요 · 요구 이해 및 표현하기 등), 존중하기(타인의 감정 · 인권, 다양성의 이해 및 존중, 신뢰, 효, 우애, 우정 등), 배려하기(관용, 연민, 양보, 친절, 나눔, 봉사, 헌신 등), 도덕성 갖기(정직, 규칙과 질서, 정의, 윤리적 책임 등), 창의적 대인관계 맺기 등이 포함된다. '참여 및 소속감 갖기'는 자발적으로 참여하기, 성실하게 참여하기, 책임감 갖기, 소속감 갖기, 협업 · 협동하기, 적극적으로 참여하기, 민주 시민의식 갖기, 인류애 갖기 등이 포함된다. '자연과 통합하기'는 자연생태 체험하기, 자연의 섭리와 순환 이해하기, 인간과 더불어 사는 자연 · 생명체 · 환경 존중 및 배려하기, 생태환경 가꾸기 등이 포함된다.

제3장

영유아 문화문해교육의 개념 및 내용

1. 문화문해의 개념
2. 문화예술 교육매체
3. 상징의 의미 문해
4. 일상의 의미발전 과정

1. 문화문해의 개념

1) 문화의 개념

문화(文化)는 우리가 일상생활에서 자주 접하는 말이다. '문화예술' '문화산업' '대중문화' '문화혁명' '다문화' '문화탐방' '문화공연' '여가문화' '물질문화' '정신문화' '전통문화' '교육문화' '어린이문화' '놀이문화' 등 문화가 등장하는 곳은 헤아릴 수 없이 많다. 이처럼 문화라는 용어는 우리 생활 속에서 친숙하게 사용되고 있고, 산업계, 문화예술계, 교육계와 같은 사회 각 분야에서 매우 활발하게 사용되고 있다. 또한 '문화' 앞에 제한적인 용어를 사용하여 복합명사로 사용되는 특징이 있다. 그럼에도 불구하고 정작 문화란 무엇인지 한마디로 말해 보기는 쉽지 않다. 사실 문화의 정의를 명확히 알지 못한다 해도 우리가 일상생활에서 문화를 누리는 데는 거의 불편함이 없을 것이다. 그러나 정보 · 감성 시대에 창의적 문화인으로 살아가기 위한 영유아교육을 하기 위해서는 문화의 개념을 정확히 이해하고 교육을 문화적으로 해석하는 것이 필요하다.

국립국어원(2015)의 『표준국어대사전』에 '문화'란 "자연 상태에서 벗어나 일정한 목적 또는 생활 이상을 실현하고자 사회 구성원에 의하여 습득, 공유, 전달되는 행동양식이나 생활양식의 과정 및 그 과정에서 이룩하여 낸 물질적 · 정신적 소득을 통틀어 이르는 말. 의식주를 비롯하여 언어, 풍습, 종교, 학문, 예술, 제도 따위를 모두 포함"이라고 제시되어 있다. 또한 위키피디아(2015a) 백과사전에 나와 있는 문화는 일반적으로 한 사회의 주요한 행동양식이나 상징체계를 말한다. 인간이 주어진 자연 환경을 변화시키고 본능을 적절히 조절하여 만들어 낸 생활양식과 그에 따른 산물들을 모두 문화라고 일컫는다. 또한 글로벌 세계 대백과사전(2015)에서는 주로 자연과 대립해서 쓰인다고 하였다. 인간을 제외한 자연은 객관적 · 필연적으로 생기나, 이러한 자연을 소재로 하여 목적의식을 지닌 인간의 활동으로 실현되는 과정을 '문화'라 한다. 이러한 과정의 소산(所産)을 특히 '문화재(文化財)'라 부른다. 즉, 종교 · 예술 · 과학 · 문학 등의 구체적 형상을 '문화재'라고 한다. 또한 '문화'와 '문명'을 대비시켜 쓰는 경우도 있다. 문화는 비교적 내부적인 것, 문명은 비교적 외부적인 것을 가리키지만, 그 구별은 엄밀하지 않다.

이와 같이 정의된 문화의 개념은 여전히 모호하다. 따라서 좀 더 구체적인 문화의 개념을 살펴볼 필요가 있다. 그러나 문화란 무엇인지 그 정의를 질문한다면 답변하기가 가장 어려운 것들 중에 하나일 것이다. 영어에서 'culture'의 의미는 "가장 복잡한 두세 개 단어 중의 하나"(Williams, 1981: 87)이다. 아직까지 어떤 문화학자도 만족할 만한 충분한 정의를 서술하지 못하였다. 그 이유는 문화를 바라보는 다양한 관점이 존재하기 때문일 것이다. 문화란 세계관, 사회사상, 가치관, 행동양식 등의 차이에 따른 다양한 관점의 이론적 기반에 근거하여 여러 가지 정의가 존재한다. 종교적인 관점에서 보면 폴 틸리히(Paul Tillich)가 본 것처럼 종교는 문화의 뿌리이다. 한 사회의 대다수가 믿는 종교에 따라 이슬람 문화, 기독교 문화, 불교 문화, 힌두교 문화 등으로 분류한다. 사용되는 언어에 따라 영어 문화권, 프랑스어 문화권, 스페인어 문화권, 포르투갈어 문화권, 아랍어 문화권 등으로 분류한다. 사상적인 관점에서 보면 세계관에 의해 문화의 모습이 만들어진다. 역사적 · 정치적 의미에 의해 동아시아 문화, 중동 문화, 유럽 문화와 같이 지역을 기준으로 분류한다. 기타 젓가락 문화권, 유목 문화권과 같이 생활양식을 기준으로 구분하기도 한다. 동물학에서는 문화를 동물 생태계에서 위치하고 있는 인류의 행동양식으로 이해한다. 고고학은 역사적 유적에 집중한다. 또한 사회인류학은 사회제도와 인간의 상호관계로서, 문화인류학에서는 규범과 가치로서 문화를 다룬다. 인류학자들은 정형화할 수 있고 기호로서 의사소통할 수 있는 모든 인간의 능력을 문화로 정의하면서 사회 전반의 기술, 예술, 관습, 양식 등 보다 광범위한 것들을 가리킨다(위키피디아, 2015a).

이와 같이 다양하고 복잡하게 구분되는 문화의 개념을 좀 더 체계적으로 이해하기 위하여 시대의 흐름에 따른 문화관의 변화를 살펴보고자 한다. 이를 위하여 문화에 대한 고전적 정의로부터 그 보편성을 가지는 함의적인 의미를 찾아야 할 것이다. 'culture'는 19세기 초 영국에서 특히 독일 괴테의 영향을 받아 '자기수양'과 '자기발전'의 의미로 사용되기 시작하였다(DeLaura, 1988: 이효석, 2012에서 재인용). 이 단어의 의미는, 첫째, 지적, 정신적, 심미적 발달 과정, 즉 교양(Bildung)을 가리키는 경우이다. 둘째, 민족, 시대, 집단, 혹은 인간 일반의 특정한 삶의 방식, 즉 문화(Kultur)를 가리키는 경우이다. 셋째, 지적 활동, 특히 예술활동의 결과물과 행위, 즉 교양의 결과물을 가리키는 경우로 나눌 수 있다(Williams, 1981). 이와 같이 19세기에 문화는 교양을 의미하였으며, '지적 · 정신적 · 심미적 발달 과정으로서의 교양' '특정한 삶의 방식으로서의 문화' '지적(예술) 활동의 결과물' 등 세 가지의 의미로 사용되었음을 알 수 있다.

문화가 교양이라는 관점과 동일한 맥락에서 문화의 어원과 관련하여 살펴보면, 문화는 동양 문화권에서 한자어 '文化'로, 서양 문화권에서 영어 단어 'culture'로 표기된다. 동양 문화권에서 문화는 글로 다스려 가르쳐 착하게 만든다는 뜻으로 도덕적인 맥락에서 사용되었다(백종현, 2005). 한편, 서양 문화권에서 'culture'는 동물을 돌보고 농작물을 경작하는 과정에서 무엇인가를 '기른다'는 의미로 사용되었으며, 점차 그 의미가 확장되어 '인간 마음의 발달'을 함의하게 되었다(Williams, 1976). 이와 같이 문화를 동양 문화권에서는 도덕적인 맥락에서 보고, 서양 문화권에서는 문화를 인간의 마음 발달과 관련짓는다. 결국 문화는 인간 삶의 근간을 이루는 정신적 가치와 밀접하게 관련되어 있다.

20세기에 들어와 문화의 학술적 정의가 처음으로 나타났던 것은 영국의 인류학자 테일러(Tylor, 1974)에 의해서이다. 그의 사회인류학 저서에서 문화(혹은 문명)란 보다 넓은 민족지학적인 의미에서 "지식, 신앙, 예술, 도덕, 법, 관습 그리고 사회 구성원으로서 인간에 의해 얻어지는 또 다른 능력과 습관들을 포함하는 복잡한 통합"이라고 한다. 이것은 문화를 인위적으로 가공된 세계의 모든 총체적 집합으로 의미한다. 마찬가지로 문화란 사상, 의상, 언어, 종교, 의례, 법이나 도덕 등의 규범, 가치관과 같은 것을 포괄하는 사회 전반의 생활양식(Jary & Jary, 1991)으로 정의되기도 한다. 이를 통해 문화란 일차적인 자연을 인간에 의해서 이차적으로 변화시켜 인간의 삶의 방식으로 만들어 가는 것과 그 결과들이라고 할 수 있을 것이다. 윌리엄스(Williams, 1976)는 그의 책 『Keywords: A vocabulary of culture and society』에서 현대 사회에서 문화와 사회의 다양성 관점에서 음악, 미술, 문학, 연극, 영화와 같은 예술 분야에서 두드러지게 나타난다고 하였다. 이뿐만 아니라 소비재로서의 문화 상품은 문화의 다른 분야에 막대한 영향을 미치고 있다. 사람들은 상품으로서 대중문화, 유행가와 같은 것을 소비함으로써 문화를 접하기도 한다(Berger, 2012).

21세기에 들어서자마자 2001년 유네스코(UNESCO, 2017b)는 '문화 다양성 선언(Universal Declaration on Cultural Diversity)'에서 문화를 "사회와 사회 구성원의 특유한 정신적 · 물질적 · 지적 · 감성적 특성의 총체"로 명시하고, 예술 및 문학 형식뿐 아니라 생활양식, 함께 사는 방식, 가치체계, 전통과 신념을 포함시켰다. 이뿐만 아니라 문화 다양성의 보호를 인간 존엄과 윤리적 의무로 강조하였다.

미국의 인류학자 기어츠(Geertz, 2009)는 그의 책『문화의 해석』에서 문화란 "삶에 대한 인간들의 지식과 태도를 소통하고 지속시키고 발전시키는 상징적 형식으로 표현되어 전달된 개념의 체계"라고 보고, 각 문화를 이끄는 상징 해석을 강조하였다. 문화의 상징 해석의 의미와 관련한 한 인용의 예시를 제시하면 다음과 같다.

> 'culture'라는 것, 자연의 경작이라는 것, 자연에 무늬 놓음이라는 것은 결국 자연을 인간의 삶에 기여하도록 하는 일과 관련된다. 그리고 '인간의 삶에 기여하도록 한다'는 것은 '인간에게 유의미하도록 한다'는 말과 다르지 않다. 그런데 의미가 담기는 대표적인 그릇이 '문(文)'이다. 그렇다면 문-화(文-化)라는 것은 '문이 되게 한다'는 것이고, 이것은 '의미를 갖게 한다'는 것이 아니겠는가. 문(文)이 아니면서도 의미를 담고 있는 것들도 있기는 하다. 그것을 우리는 일반적으로 '상징'이라고 부른다. 우리는 의미를 담고 있는 상징들도 역시 문화라고 부른다. 그 이유는 그들이 유의미하게 된 것들, 의미를 지닌 것들이기 때문이다(정은혜, 2004: 72).

이처럼 문화는 자연과 사물에 작용하는 인간의 힘에 의해 이루어진 역사적 산물이며, 인간의 정신, 마음의 발달과 관련되어 있고, 도덕적 가치와 의미를 담은 상징을 포함하고 있는 것으로 해석될 수 있다. 상징 해석을 강조하는 문화인류학적 관점은 문화의 과정에 의미를 두는 관점으로 이어진다. 즉, 문화는 결과물과 과정 등의 두 가지 의미가 있으며, 과정의 의미와 가치에 관해 다음과 같은 견해가 있다.

> 우리가 말하는 문화에는 이중적 의미가 담겨 있다. 즉, 인간의 작품, 업적, 결과물로서 문화와 인간의 자기이해의 과정, 자기성취의 과정 자체를 가리키는 두 의미에서 이해된다. 그러기에 이러한 문화는 언제나 지금 이곳의 우리 문화이다. …… 그렇기에 그 안에는 우리가 스스로를 이해하고, 세계와 역사, 문화를 이해하고 해석하는 그 모든 것이 끊임없이 새롭게 형성되고 변화되는 과정 자체가 담겨 있는 것이다. 거기에는 당연히 진리를 이해하는 나의 마음, 세계를 이해하는 생각의 틀, 다른 인간을 인정하고 그들이 인간답게 살아갈 수 있도록 노력하는 우리의 모든 신념이 간직되어 있다(신승환, 2008: 58).

이와 같은 주장은 지금 현재 문화 속에 존재하고 있는 우리 자신을 생각하게 만든다. 문화는 주어지거나 이미 확정된 것 또는 고정된 것이 아니며, 어떤 행위의 결과물도 아니다. 지금 이 시점에서도 문화는 끊임없이 변화·통합·생성되면서 발전하고 있으며, 사회 구성원들의 신념과 삶의 가치를 담아내고 있다. 문화는 변화 과정과 역사의 맥락 속에서 해석될 수 있으며, 문화를 통해 비로소 우리 현재 삶을 이해하고 미래의 방향을 얻을 수 있다. 다시 말해서, 문화는 어느 장소, 어느 시점에 국한되어 고정되는 것이 아니라 시간의 흐름에 따라 변화되고 다른 영역과 통합되기도 하면서 끊임없이 발전되어 나가는 것이다(한상복, 이문웅, 김광억, 2011). 플랭클(Frankl, 2005)도 사람의 주된 관심사는 즐거움을 얻거나 고통을 피하는 데 있는 게 아니라, 삶의 의미를 찾는 데 있다고 하였다. 즉, 역동적인 과정으로서의 문화 속에서 개개인은 진정한 삶의 의미를 발견하고 창조하며 성장해 나가기를 기대한다. 이처럼 문화는 끊임없이 전달되고 재생산되며 발전을 추구해 나가는 역동적인 과정이다. 요컨대 문화는 의미를 가진 특정한 집합체로서 지속적으로 변화되고 발전되며, 이전에 학습되었던 것을 다음 세대에 전해 주는 과정이다(D'Andrade, 1984: 정향진, 2008에서 재인용).

과정으로서의 문화 개념은 문화의 속성과 관련지어 더욱 잘 이해될 수 있다. 첫째, 한 사회의 구성원들에게서 공통으로 나타나는 공유성이 있다. 둘째, 문화는 타고나는 것이 아니라 후천적으로 습득되는 학습성이 있다. 셋째, 문화는 다음 세대로 전해지면서 기존 문화에 새로운 문화 내용이 쌓이는 축적성이 있다. 넷째, 문화는 고정된 것이 아니라 시간의 흐름에 따라 달라지는 변동성이 있다. 마지막으로, 문화는 각 요소들이 상호 유기적 관련을 맺고 통합성을 가지는 총체성이 있다(위키피디아, 2017b).

이렇듯 문화가 무엇인지에 대해 밝히기 위하여 오랜 세월에 걸쳐 광범위하고 다양하게 논의되어 왔음을 알 수 있다. 이러한 문화에 대한 다양한 논의에 의하면 문화란, 첫째, 사회 구성원에 의하여 습득·공유·전달되는 행동양식 또는 생활양식이고, 둘째, 생활양식의 과정이며, 셋째, 이러한 과정을 통해 이르게 되는 물질적·정신적 소득, 즉 의식주, 언어, 풍습, 종교, 학문, 예술, 제도 등이다.

이처럼 세 가지로 범주화한 문화의 개념과 관련하여 좀 더 구체적으로 개념화한 학자들의 견해를 중심으로 살펴보고자 한다. 윌리엄스(Williams, 1976)는 문화를 다음과 같이 네 가지로 구분하였다. 첫째, 인간의 마음이나 정신이 세련된 상태를 의미한다. 마음이나 정신을 세련된 상태로 만들기 위해서는 학문과 예술을 익혀 소양을 갖추어야 하며, 이러한 문화인이 되기 위해서는 반드시 교육을 받아야 한다. 둘째, 정신적 · 지적 · 예술적 활동의 산물이 문화의 범주에 포함되며, 회화, 오페라, 문학, 드라마와 같은 창의적인 예술작품이 곧 문화이다. 셋째, 문화는 사회 구성원들의 삶의 방법을 의미하며, 이는 인류학적 측면을 함축하고 있다. 예를 들어, 우리 문화는 나이, 직업, 성, 성적 역할, 지형적 위치, 계급, 언어, 종교 등에 따라 수많은 하위문화를 형성하고 있다. 즉, 나이에 따라 '노인 문화' '신세대 문화' '중년 문화' 등으로, 성역할에 따라 '여성 문화' '남성 문화'로 구분될 수 있다. 따라서 이러한 관점에서 볼 때 문화는 본질적으로 '다문화'를 전제로 하며, '문화적 상대주의'를 지지한다. 넷째, 문화는 사회적 질서 속에서 의사소통하며 의미를 탐구하고 만들어 가는 "실현된 의미 체계(realized signifying system)"이다. 의미는 개인적 · 사회적 상호작용을 통해 끊임없이 생산되고 교환된다. 이러한 맥락에서 문화는 해석적 특성을 가지고 있다고 볼 수 있으며, 이것은 곧 문화가 의미 만들기에 관여하고 있음을 나타낸다.

한편, 발드윈 등(Baldwin, Longhurst, McCracken, & Ogborn, 2008)도 문화의 개념을 세 가지 측면에서 설명하고 있다. 첫째, 문화는 예술과 예술활동을 의미한다. 즉, 문화는 문학, 음악, 미술, 무용, 연극, 영화와 같은 예술활동과 관련되어 있으며, 흔히 '교양 있는' 사람들이 참여하는 '세련된' 활동이다. 둘째, 문화는 삶의 방식이다. 삶의 방식으로서의 문화는 함께 살아가는 사람들이 만들어 내는 산물인 동시에 학습의 대상이 되기도 한다. 셋째, 문화는 과정과 발전을 포함한다. 문화는 단지 개인의 능력 계발뿐만 아니라 사회적 · 역사적 과정 전반을 포함하는 광의의 개념으로 확대하여 해석되고 있다.

이상에서 윌리엄스와 발드윈이 정의한 문화의 개념을 정리해 보면, 첫째, 문화는 인간의 마음이나 정신이 세련된 상태, 즉 교양을 의미한다. 둘째, 문화는 정신적 · 지적 · 예술적 활동의 산물인 문학, 예술, 종교, 학문, 교육, 패션, 방송, 영화 등 예술작품을 가리킨다. 셋째, 문화는 한 사회의 관습, 가치, 규범, 제도, 전통 등을 포괄하는 총체적인 생활양식이다. 넷째, 문화는 사회 구성원들에 의해 끊임없이 재생산되고 발전되며 학습되는 과정이다.

특히 예술은 문화와 불가분의 밀접한 관계에 있다. 국립국어원(2018)의 표준국어대사전에서 예술(藝術)이란 특별한 재료, 기교, 양식 따위로 감상의 대상이 되는 아름다움을 표현하려는 인간의 활동 및 그 작품이며, 공간예술, 시간예술, 종합예술

따위로 나눌 수 있다. 나아가 예술은 학문, 종교, 도덕 등과 같은 문화의 한 부문으로, 예술활동(창작, 감상)과 그 성과(예술작품)의 총칭이다. 문학, 음악, 미술, 영화, 무용 등의 공연예술이 포함된다. 그러나 이러한 예술작품을 다루는 학문은 인문학의 영역이다. 예술은 사람들을 결합시키고 사람들에게 감정이나 사상을 전달하는 수단이 된다. 과학도 같은 구실을 하기는 하나, 과학은 주로 개념으로 설명하고 예술은 미적 형상으로 설명한다. 예술의 중심 개념은 '아름다움'으로서, 만약 미가 결핍되거나 상실되면 예술이라고 말할 수 없다. 그러나 아름다움만으로는 예술이라고 할 수 없으며, 어떤 '형상'에 의해 표현되어야만 한다. 이처럼 문화예술은 문화와 예술을 융합한 복합어이다. 문화라고만 하기에는 범위가 너무 넓고, 예술이라고 하기는 범위가 너무 좁기 때문에 문화와 예술을 융합하여 예술활동이 있는 문화를 나타내는 것이다. 문화예술은 문학예술, 영상예술, 공연예술, 전통예술, 음악예술 등 예술 및 문화 활동, 모두를 포함하는 것을 말한다(위키피디아, 2017c).

이상에서 살펴본 문화의 정의를 토대로 하여 문화를 세 가지 범주로 구분하여 개념화하면 [그림 3-1]과 같다.

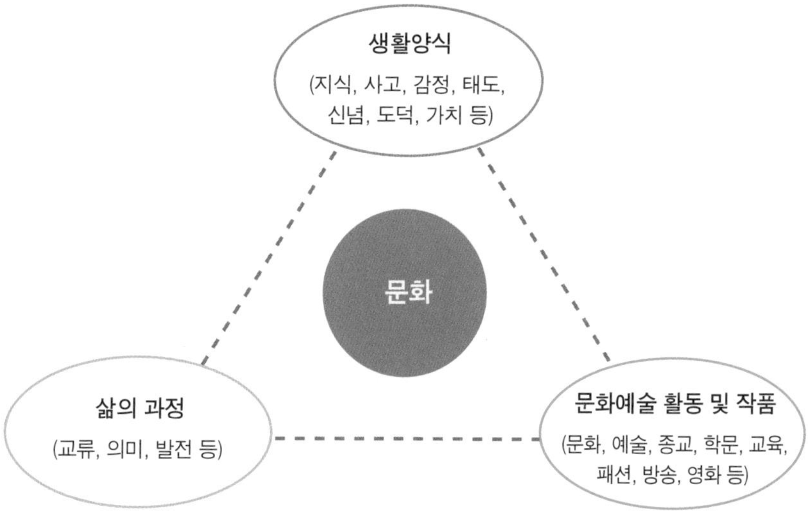

[그림 3-1] 문화의 세 가지 개념

[그림 3-1]에서 보는 바와 같이 문화는, 첫째, 사회 구성원의 생활양식이다. 즉, 문화는 사회와 구성원의 특유한 생활양식뿐만 아니라 함께 사는 방식, 가치체계로서 지식, 감정, 사고, 신념, 태도, 도덕, 가치 등을 포함한다. 둘째, 삶의 과정이다.

즉, 문화는 개인적 · 사회 집단적인 교류를 통해 한곳에 머물거나 정체되지 않고 끊임없이 의미를 생성하고 교환하면서 형성되고 발전되어 간다. 셋째, 문화예술 활동 및 작품이다. 즉, 문화는 사회 구성원들에 의해 창조되는 지적 · 정신적 · 창의적 활동 및 결과물을 포괄한다. 이것은 예를 들어, 문학, 예술, 종교, 학문, 교육, 패션, 방송, 영화 등으로 나타난다. 이상으로 문화는 이러한 세 가지 범주가 통합될 때 비로소 개념화될 수 있다.

2) 문해의 개념

문해라는 말을 들으면 흔히 언어에서 듣기, 말하기, 읽기, 쓰기를 떠올리게 된다. 네이버 사전(2015)을 보면, 문해(文解)는 '글을 읽고 이해함'이고, 영어로 literacy는 '글을 읽고 쓸 줄 아는 능력'이다. 유네스코(UNESCO, 2004)는 문해란 일반적으로 '다양한 내용에 대한 글과 출판물을 사용하여 정의, 이해, 해석, 창작, 의사소통, 계산 등을 할 수 있는 능력'으로 정의하고 있다. 이와 같이 문해는 기본적으로 글을 읽고 쓰고 이해하고 활용하는 언어 능력을 나타낸다.

그러나 사회가 변화함에 따라 그 의미도 변화해 가고 있다. 정보사회로 변화해 가면서 '읽기'는 '정보를 이해하고 수용하여 의미를 구성하는 활동'으로, '쓰기'는 '지식과 정보를 산출하고 표현하는 활동'으로 재정의되고 있다(박인기, 2002). 즉, 정보사회에서 문해란 정보의 의미를 구성하며 산출하고 표현하는 활동을 강조하는 것으로 변화하게 되었다. 정보 · 감성 시대 의사소통의 특징은 디지털 커뮤니케이션(digital communication) 방식이다. 이는 의사소통의 매체, 내용, 방법, 과정, 대상자, 범위 등 광범위한 면에서 이전 사회와는 전혀 다른 특성을 나타내고 있다. 즉, 쌍방형, 간주관적, 다대다, 무제한의 시공간, 빠른 변화 속도, 복합적인 상징, 이성과 감성의 복합적 지각, 다양한 형태의 정보 통합, 사적 · 공적 경계 모호, 매체수용자와 생산자 간 구분 모호, 상황과 맥락 공유, 옳고 그름의 가치 판단 등이다.

정보사회에서의 문해는 학교에서 배우는 '문자해득력'의 범위를 뛰어넘어서 영상매체 속의 다양한 상징체계가 나타내는 의미를 해석하고 비판하며 새롭게 창조할 수 있는 능력까지 포함하여 정의되어야 한다. 전자영상매체는 말과 문자뿐만 아니라 기호, 소리, 색, 이미지, 움직임, 이야기 등 다양한 상징 요소로 구성된다. 사람들은 정보와 지식의 의미를 이해하고 표현하는 의사소통 능력을 기르기 위하여 다양한 상징의 의미를 이해하고 표현하는 문해 능력이 필요하다. 따라서 정보 · 감성 사회에서 살아가는 데 필요한 의사소통 능력의 핵심은 '상징의 의미해석'으로서의 문해이며, 이를 [그림 3-2]와 같이 나타낼 수 있다.

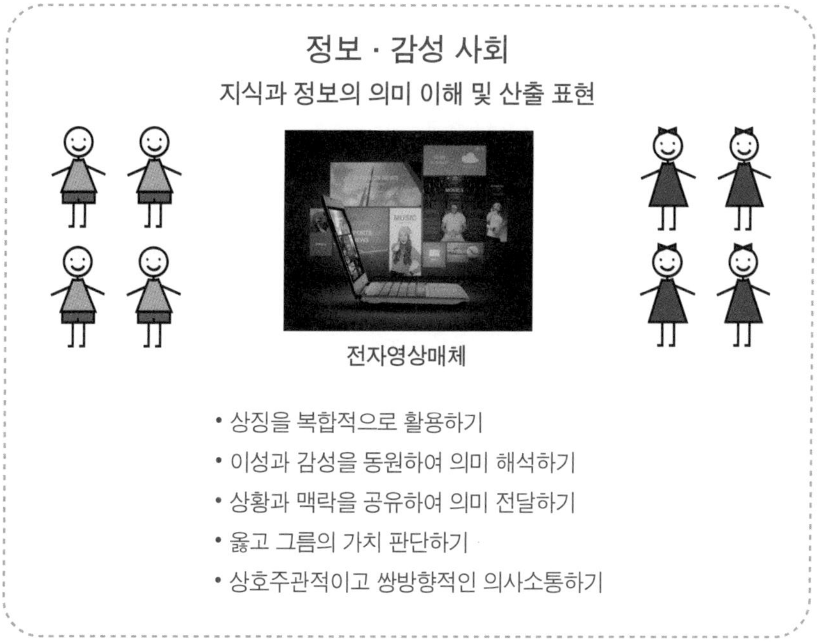

[그림 3-2] 정보 · 감성 사회에서 문해의 개념

[그림 3-2]에 제시된 바와 같이 정보 · 감성 사회에서 의사소통하기 위하여 전자영상매체에 포함된 다양하고 복합적인 상징을 활용하여 지식과 정보의 의미를 이해하고 산출 · 표현하는 문해의 의미를 좀 더 구체화하면 다음과 같다.

◆ 다양하고 복합적인 상징의 의미 해석하기

우리의 일상은 의사소통의 연속이다. 의사소통은 비단 사람과의 관계 속에서만 이루어지는 것은 아니다. 우리를 둘러싼 주변의 많은 것이 상징으로 전달되고 있다. 길을 가다가 흔히 볼 수 있는 광고, 숫자, 색깔, 소리, 냄새 등에서부터 TV 드라마, 영화, 광고, 문학, 미술, 무용, 음악 등 문화예술작품에 이르기까지 말과 글뿐만 아니라 기호, 이미지, 소리, 움직임 등 다양하고 복합적인 상징을 만나게 된다. 이러한 상징에는 의미가 담겨 있다. 화자는 자신의 의도를 가장 효과적으로 전달할 수 있는 방법으로 의미를 전달해야 하며, 청자는 화자가 보내는 상징을 해독하고 의미를 해석하는 능력이 있어야 한다. 메시지나 정보 전달에 그치지 않고 의미를 교환하고 생산해야 한다. 지식과 정보, 경험, 상상 등 다양한 범위와 대상을 의사소통하기 위해서는 문화예술작품 속의 다양한 상징이 나타내는 의미를 해석하고 비판하며 새롭게 창조할 수 있는 능력이 필요하다. 이를 위해서는 다양하고 복합적인 상징의 의미를 해석하는 문해 능력이 필요하다.

◆ 이성과 감성을 모두 동원하여 상징의 의미 해석하기

우리가 일상에서 TV 드라마, 영화, 문학, 미술, 음악 등 문화예술작품을 접할 때면 보고 듣는 단순한 감상에 그치지 않는다. 문화예술작품에 담긴 등장인물의 말이나 글, 색, 음악, 움직임 등 상징이 담고 있는 의미를 이해해야 한다. 어떤 의미를 담고 있는지 정확히 이해하기 위해서는 이성과 감성이 모두 활용되어야 한다. 논리-분석적 사고에 의한 이성과 내러티브 사고의 감성을 모두 동원하여 조화로운 해석을 할 때(최윤정, 2014b), 비로소 진정한 문해가 이루어진다.

◆ 상황과 맥락을 공유하여 의미 전달하기

많은 사람이 일대일의 의사소통이나 면대면 의사소통에 의존하지 않고 시공을 초월하여 매우 복잡한 환경과 맥락 속에서 의사소통을 한다. 의사소통은 화자와 청자 사이에 이루어지는 의미 전달 과정이다. 화자와 청자는 모두 감정과 신념, 경험, 지식, 정보 등과 같은 자신의 삶의 방식을 반영하여 의미를 전달하거나 해석한다. 모든 의사소통은 화자와 청자가 상황과 맥락을 공유할 때 의미 전달이 제대로 이루어질 수 있다. 화자와 청자가 상대방의 입장을 고려하지 못하고 자신의 입장에서 일방적으로 의미를 전달하거나 해석하게 되면 오해가 발생할 수 있다. 각기 다른 상황과 맥락 속에서는 상징에 대한 해석이 달라질 수 있기 때문이다. 따라서 상대방의 입장과 의도하는 의미 맥락을 읽어서 상징의 의미로 소통해야 한다. 이것은 상상력과 공감 능력에서 비롯된다.

◆ 옳고 그름의 가치 판단하기

상징의 의미를 해석하고 반응할 때에는 그것의 옳고 그름을 판단할 수 있는 가치 판단 능력 또한 중요하다. 의사소통이 이루어지는 맥락 속에서 상대방의 의도를 이해하게 되면, 그에 따른 자신의 생각과 감정을 표현하게 된다. 이때 비판적 사고를 통해 가치를 판단하고 가장 적절하고 효율적인 방법으로 상대방에게 자신의 의도를 담은 상징을 보내야 한다.

◆ 상호주관적이고 쌍방향적인 의사소통하기

앞서 현대 정보사회의 특징으로 언급된 수평적 협력사회에서 원활한 의사소통을 위해서는 화자 또는 청자 어느 한쪽의 입장만 강조되어서는 안 된다. 의사소통은 화자와 청자가 의미를 주고받는 연속적인 상호작용이기 때문이다. 따라서 동등하고 수평적인 관계선상에서 상호주관성이 강조된 쌍방향적 의사소통을 해야 한다.

이상에서 살펴본 바와 같이 문해는 정보·감성 사회에서 의사소통 수단으로 인식되고 있다. 이뿐만 아니라 앞서 문화의 개념에서 제시된 세 가지 범주와 연결하여 보면 문화에 이미 문해의 의미가 포함되어 있음을 알 수 있다. 즉, 문화는 문화예술작품에 상징으로 표현된 지식, 감정, 사고, 신념, 태도, 도덕, 가치 등 생활양식을 읽어 내고 표현하는 것이며, 이는 곧 문해의 의미인 것이다. 문해를 문화와 연결하여 'cultural literacy'는 '문화소양' 또는 '문화능력'이다(네이버 사전, 2015). 이에 따라 문화문해란 사람들이 문화생활을 하면서 살아가는 데 필요한 의미와 가치를 구성하고 표현하는 능력으로 해석될 수 있다. 다시 말해서, 문해는 문화의 의미를 반복하는 것이지만 문화에서 과정을 강조하기 위함으로 이해될 수 있다. 따라서 문화문해교육에서 의미하는 문해의 개념을 [그림 3-3]과 같이 나타낼 수 있다.

[그림 3-3]에서 보는 바와 같이, 문해의 개념은 세 가지 차원으로 구성된다. 먼저 표면적 문해이다. 이는 문화예술작품을 자유롭게 느끼고 감상하는 일차원적인 문해 활동을 말한다. 예를 들어, 문학, 예술, 종교, 학문, 교육, 패션, 방송, 영화 등 문화예술 활동 및 작품은 각 형식의 특성에 따라 말과 글, 시각 이미지, 소리와 음악, 움직임과 신체 동작, 행동, 영상과 같은 상징으로 구성되어 있다. 영유아들은 문화예술 작가의 삶(생각, 감정)이 표현된 상징적 결과물에 대해 가장 먼저 표면적 문해를 한다. 둘째, 문화예술활동이나 작품의 전체 이야기 맥락에서 지식, 사고, 감정 등 생활방식을 분석하고 해석해 나가는 심층적인 문해를 하게 된다. 이것은 시각이나 청각만으로는 쉽게 지각되지 않는 의미를 이해하는 이차원적인 문해라고 할 수

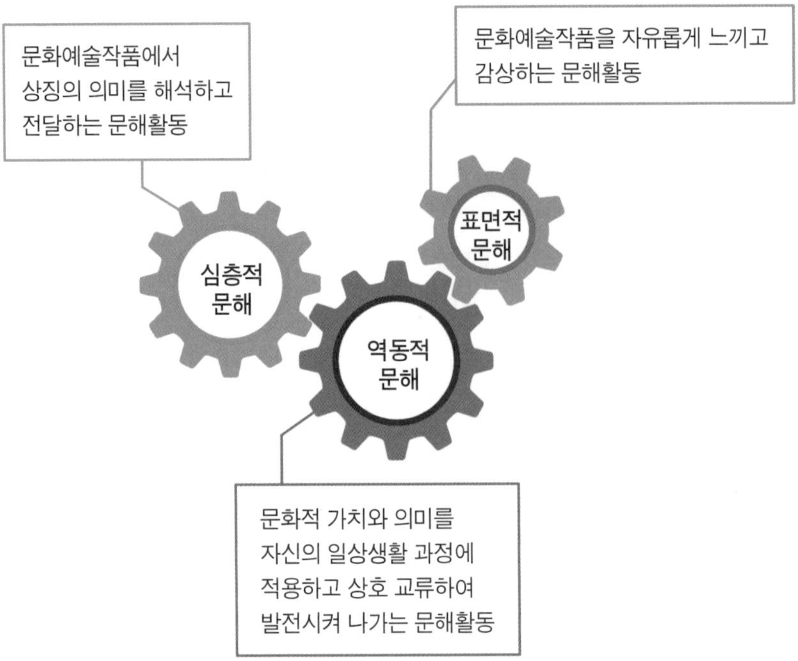

[그림 3-3] 문해의 세 가지 개념

있다. 상징에 대한 깊이 있는 의미해석을 통해 삶의 가치를 깨단는다. 즉, 상징적 결과물에서 상징의 의미를 문해함으로서 생활양식을 문해하고, 삶의 가치를 도출해 내는 심층적 문해에 이르게 된다. 마지막으로, 영유아는 이러한 생활방식을 일상생활에 적용하고 다른 사람과 상호작용하고 교류해 나가는 유기적 과정에서 문화적 가치와 의미를 발전해 나가는 역동적 문해를 하게 된다. 이것은 지속적인 상호 교류 과정 속에서 자신의 일상의 의미를 발전시켜 나가는 삼차원적인 문해라고 할 수 있다.

3) 문화문해의 개념

문화문해란 '문학, 미술, 음악, 무용, 연극, 영화와 같은 문화예술작품에서 나타나는 지식, 사고, 감정, 신념, 태도, 도덕, 가치 등 생활양식을 읽고 다시 그것을 표현하는 문해 능력을 기르는 것'이라고 정의할 수 있다. 즉, 문화는 문화예술작품을 대상으로 표면적인 상징을 읽어 내고, 작품에 담긴 생활양식을 심층적으로 해석하고 비판하며 표현해 내는 문해력을 말한다. 나아가 일상에 의미를 가진 집합체로서 과정과 발전을 거듭하는 역동성을 가진 것이다.

이러한 문화문해의 의미를 마치 땅의 자양분을 흡수하면서 생명 활동을 이어 가는 나무에 비유하면 [그림 3-4]와 같다.

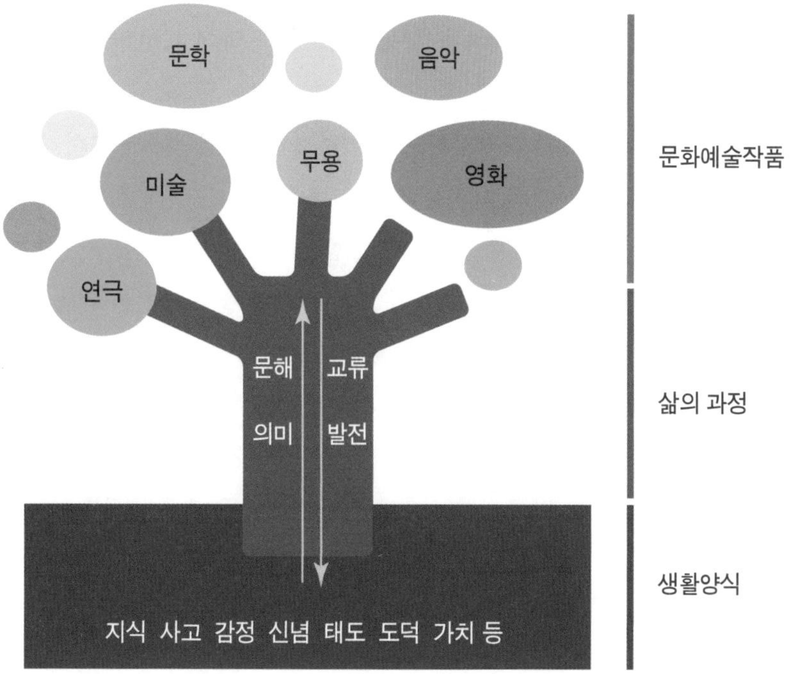

[그림 3-4] 문화문해의 개념

[그림 3-4]에서 보는 바와 같이, 문화문해의 개념을 다음과 같이 구체적으로 설명할 수 있다. 첫째, 나무의 모습에서 나뭇잎, 열매 등은 일차적으로 눈에 띄는 아름답게 느껴지는 산물이다. 여기에 비유되는 문학, 음악, 미술, 무용, 연극, 영화 등 문화예술작품 역시 가시적이고 표현적인 부분이다. 둘째, 나뭇잎, 열매 등은 눈에 보이지 않는 땅속 자양분으로부터 에너지를 얻는다. 이처럼 문화예술작품은 지식, 사고, 감정, 태도, 신념, 도덕, 가치 등 생활양식을 근원으로 하여 이루어진 것이다. 셋째, 나뭇잎, 열매 등이 땅속 자양분과 유기적 순환을 반복하면서 동력을 얻어 나무가 성장해 나간다. 이와 같이 문화예술작품과 생활양식을 연결해 주는 문해, 교

류, 의미, 발전 등 삶의 과정은 역동적인 작용이다. 결론적으로 문화문해란 우리의 삶, 생활, 경험의 총체를 의미하는 문화에 초점을 두고, 우리가 살아가는 일상생활 속에서 개인과 집단이 문화적 해석을 하고 의사소통하는 삶의 과정을 통해 삶의 의미와 가치를 발견하고 성장과 발전을 도모하는 것이다. 이는 인간의 삶을 보다 의미화하는 관점이다.

이상 영유아 문화문해의 의미를 정리해 보면, 첫째, 문화문해란 영유아가 인간의 창의·문화적 산물인 문화예술작품을 교육매체로 활용하여 표현된 상징을 자유롭게 감상하고 놀이하는 활동을 하는 것이다. 둘째, 영유아 문화문해란 이 문화예술 교육매체를 활용하여 자유롭게 감상하고 놀이하는 활동 경험에서 그치지 않고 나아가 교육매체에 나타난 상징의 의미를 깊이 있게 해석하기 위해 집단 구성원인 영유아가 자신들의 생활양식(의식주, 언어, 풍습, 학문, 예술, 제도 등)에 기반하여 다른 사람과 상호 교류하는 과정에서 관찰, 탐구, 상상, 표현 활동 방법을 지속적으로 경험해 나가는 것이다. 셋째, 영유아 문화문해란 이러한 문화 활동 경험을 통해 영유아가 자신의 일상생활의 의미와 가치를 느끼고 행복을 추구하는 삶의 목적을 실현하는 것이다. 이러한 영유아 문화문해의 의미를 '문화예술 교육매체' '상징의 의미문해' '일상의 의미발전 과정' 등 세 가지로 구분하여 다음에서 구체적으로 설명하고자 한다.

2. 문화예술 교육매체

1) 문화예술

문화예술로는 문학, 예술, 종교, 학문, 교육, 패션, 방송, 영화 등이 있다. 이러한 각 문화예술 형식별로 사전적 정의(국립국어원, 2017; 위키피디아, 2017c)를 제시하면 〈표 3-1〉과 같다.

〈표 3-1〉 문화예술 형식별 정의

문화예술	정의
문학 (文學, literature)	• 사상이나 감정을 언어로 표현한 예술. 또는 그런 작품. 시, 소설, 희곡, 수필, 평론 등 • 삶의 가치 있는 경험을 상상력을 토대로 하여 언어로 짜임새 있게 표현한 예술
미술 (美術, art)	• 사람의 감정이나 뜻을 나타내는 예술의 한 종류 • 선이나 색채를 써서 사물의 형상이나 시각을 평면 위에 나타내는 시각 이미지를 활용한 시각예술(회화, 사진 등), 공간 이미지를 활용한 조형예술(3D, 공예, 조각, 건축 등)로 나뉨
음악 (音樂, music)	• 박자, 가락, 음성 따위를 갖가지 형식으로 조화하고 결합하여, 목소리나 악기를 통하여 사상 또는 감정을 나타내는 예술 • 소리를 재료로 하는 시간예술. 그러나 그 보존 및 표기는 시각적인 매체인 악보를 사용
무용 (舞踊, dance)	음악에 맞추어 율동적인 동작으로 감정과 의지를 표현함. 또는 그런 예술
연극 (演劇, play, drama)	배우가 무대 장치, 조명, 음악 등의 도움을 받아, 연출자의 지도 아래 각본에 의해서 어떤 사건이나 인물을 말과 동작으로 관객에게 보여 주는 무대종합예술
영화 (映畵, film)	일정한 의미를 갖고 움직이는 대상을 촬영하여 영사기로 영사막에 재현하는 종합예술

〈표 3-1〉과 같이 문학, 미술, 음악, 무용, 연극, 영화와 같은 것은 문화예술의 상징 형식이라고도 한다. 형식에서 표현하고자 하는 내용은 사상이나 감정, 감정과 의지, 사건이나 인물, 의미 등이다. 이러한 내용은 문화예술에 따라서는 큰 차이가 없다. 다만, 생각이나 감정을 표현하는 수단이나 도구의 차이에 기인한다. 예를 들어, 언어, 시각적 · 공간적 이미지, 박자, 가락, 음성, 율동, 말과 동작, 움직이는 영상 등은 각 문화예술에 따라 다르게 구성되는 상징 요소이다. 따라서 상징 요소의 차이에 따라 상징 형식이 결정되는 것이다. 이러한 각 문화예술의 상징 요소를 중심으로 비교하면 [그림 3-5]와 같다.

[그림 3-5]와 같이 문학, 미술, 음악, 무용, 연극, 영화와 같은 각 문화예술의 형식은 각각의 상징 요소로 구성되어 있다. 상징 요소에 따라 문화예술의 형식이 다른 것이다. 문화예술 간에 상징 요소는 서로 다르기도 하고, 중복되기도 하며, 복합적

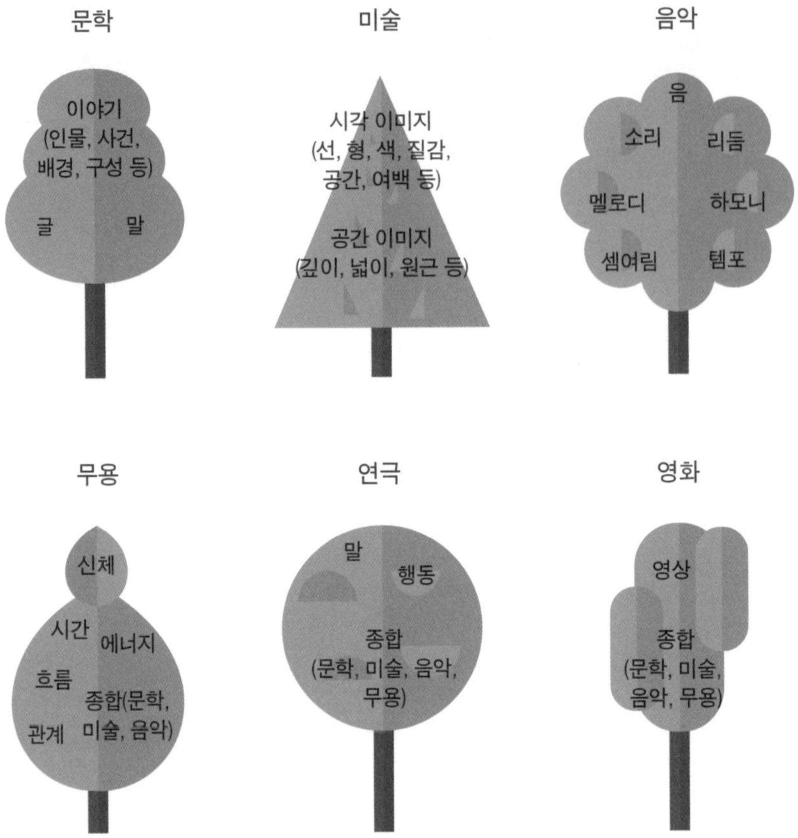

[그림 3-5] 각 문화예술의 상징 요소

이기도 하다. 이러한 각 문화예술의 상징 요소로 이루어진 작품은 영유아들이 다양한 예술 경험을 하면서 체험할 수 있는 것이다. 이러한 다양한 문화예술작품은 기관에서 이루어지는 하루 일과에서 다양한 형태로 운영될 수 있다. 영유아들이 다양한 문화예술작품에 대하여 수용·이해하거나 표현하는 것이 문화문해교육의 첫 번째 내용이 될 수 있다. 다시 말해서, 영유아들은 문화예술의 구성요소를 경험할 수 있다.

2) 문화예술 교육매체

다양한 문화예술 중에서 정보통신기술의 발달로 인하여 컴퓨터와 인터넷이 무한 활용되는 환경에서 상징의 의미 해석이라는 문해의 필요성에 입각하여 교실에서 활용하기 쉬우면서 영유아들에게 익숙하여 효과적인 문화예술 교육매체는 무엇일까? 그 예로는 그림책, 애니메이션이 있다. 이러한 작품은 문화예술을 향유하는 사회에서 개인 소비 및 구매와도 맞물려 상업적으로 발달되는 문화산업 분야이기 때문에 앞으로도 지속적으로 질 높은 수준으로 개발될 가능성이 많다. 월트 디즈니(Walt Disney)나 픽사(Pixar)에서 개발한 장편 혹은 단편 애니메이션은 예술적 가치가 높고 영유아들의 흥미를 고도로 끌어당긴다. 우리 시대의 영향력 있는 매체 대부분은 두 개 이상의 의사소통 수단(시각적, 언어적, 청각적, 운동적)이 결합되어 있고, 특히 언어와 그림의 조화가 오늘날 의사소통의 중심이다(Schwarcz & Schwarcz, 1991).

문화예술작품은 왜 교육의 도구가 될 수 있을까? 그 이유를 그린(Greene, 1988)이 언급한 맥락적 사고(contextual thinking)의 개념으로 인용할 수 있다.

> 예술교육은 즉각적으로 반응하고 참여할 수 있도록 생생하고 구체적인 맥락에 자신을 투사시키고 가상적 세계를 눈앞에 떠올려야만 그 세계에 대한 주체적 해석이 가능하게 된다. 평소에 보지 못했던 것을 지각하고 질문을 던지며, 여러 요소 간의 관련성을 보고 공감하여 행동까지 끌어내게 된다. 예술교육의 역할은 예술작품을 매개로 어린이들과 연결하여 지도함으로써 어린이들에게 진정한 도전을 주는 것이다. 즉, 어린이들이 무엇인가에 끌려서 그것을 추구하도록 만드는 것이다(Greene, 1988: 133).

이러한 교육은 기능 중심의 예술교육이 아니다. 무엇인가를 할 줄 아는 기능(skill)을 익히는 예술교육이 아니라 자신을 느끼고 지각하며, 표현할 줄 알고, 질문할 줄 알게 되는 문화문해교육을 지향한다. 재능, 기능 교육이 아니라 인간 교육이다. 교육은 넓은 범위의 인간 지력, 즉 다양한 언어와 상징체계의 계발에 관여해야 한다. 왜냐하면 이를 통하여 경험에 질서를 부여하고 살아 있는 우리의 경험 세계를 이해할 수 있기 때문이다. 다양한 유형의 감수성(소리, 몸의 움직임, 형태에 대한 감수성 등)과 다양한 방식의 의사소통 능력을 배움으로써 경험 세계에 대한 우리의 이해는 넓고 깊어진다. 또한 문화예술을 통한 교육은 한 예술작품에 대한 해석이 다양할 수 있다는 것을 보여 준다. 이는 새로운 해석을 위한 가능성으로 우리를 안내하고 다른 사람의 목소리에 귀 기울이게도 한다. 다시 말하면, 자신의 경험을 새롭게 보게 할 뿐 아니라 타인과의 소통과 대화를 위한 공간을 열어 주기도 한다(곽덕주, 남인우, 정연심, 최우정, 전미숙, 2014).

따라서 문화문해교육의 내용과 관련하여 그림책, 애니메이션 작품을 중심으로 관련 지식을 이해하고, 활용 가능한 요건 등과 관련하여 다음에서 구체적으로 설명하고자 한다. 그림책(picture book)은 그림과 구두 서술이 합쳐진 책의 형태로, 대부분 어린이를 대상으로 한다. 어떤 사물이나 현상을 글로만 기술하기보다는 그림을 병행하여 기술함으로써 사물이나 현상을 이해하는 데 훨씬 효과적이기 때문이다. 그림책의 그림은 유화, 아크릴, 수채화 등 다양한 재료로 그린다. 그림책은 시각 이미지, 글, 이야기(인물, 사건, 배경, 구성 등) 등의 요소로 구성되어 있다. 즉, 그림책은 미술과 문학이 복합적으로 어우러져 그림과 글로 이야기를 전달하는 책인 것이다. 그림책은 어린이 인생 최초의 책이며, 장난감이라고도 한다(위키피디아, 2017a).

애니메이션(animation)은 여러 장의 화면을 연속 촬영, 조작하여 움직이도록 보이게 만든 영화의 일종이다. 이 용어는 '살아 있는'을 뜻하는 라틴어 낱말 anima에서 비롯하였다. 간단히 동화(動畵)라고도 부른다. '만화'나 '동화'는 그림의 의미를 갖고 있으나, 각 장면은 그림이 아닐 수 있다. 3차원 모델링을 통해 컴퓨터 화면상으로 재현된 영상의 경우도 애니메이션에 포함된다(위키피디아, 2017e).

애니메이션이란 만화나 인형을 이용하여 그것이 마치 살아 있는 것처럼 생동감 있게 촬영한 영화 또는 그 영화를 만드는 기술을 말한다. 말 그대로 움직이지 않는 것에 움직임을 부여해서 생명력을 불어넣는다. 제작 과정에서 정지된 한 장의 그림(만화), 인형, 오브제 등 움직이지 않는 대상을 조금씩 변화를 주어 한 장씩 촬영한 다음 영사하여 연속적인 움직임으로 마치 '살아 움직이는 생명'을 만들어 낸다(김일태, 윤기헌, 김병수, 설종훈, 양세혁, 2008). 움직임이 없는 무생물이나 상상의 물체에 인위적인 조작을 가해 움직임을 주기 때문에 실사 영화에 비해 상상력을 표현할 수 있는 가능성이 있어 내용과 표현을 재미있게 표현할 수 있다. 예를 들어, 살아 움직이는 장난감들, 비명을 에너지원으로 사용하는 괴물들, 뛰어난 지능을 가진 물고기, 초능력을 가진 인간, 요리하는 생쥐 등 창의적인 캐릭터들이 나오고 있다.

최근 애니메이션은 만화에서 추상미술까지, 종이나 셀을 이용한 기법에서 모래나 점토를 이용한 기법까지, 인형 영화에서 컴퓨터의 지원으로 만들어지는 특수효과 영화까지 다양한 이미지 소재와 기법 등을 활용하여 매우 넓은 영역에 걸쳐 있다. 현대 영화가 그렇듯이 애니메이션 또한 세련된 기교들이 서로 얽혀 점점 복잡해지고 있는 실정이다. 컴퓨터 기술력이 점점 발전함에 따라 컴퓨터 그래픽 기술을 이용하여 제작방식이 디지털로 변경되었으며, 최근에는 고도로 발전해 가고 있는 3D 그래픽 기술을 이용해 3D 애니메이션이 많이 제작되고 있다. 첫 번째 장편 3D 애니메이션 영화는 픽사의 토이 스토리이다. 애니메이션은 컴퓨터 기술과 예술이 결합한 것이다. 영유아용 애니메이션은 상품으로서 상당한 범주를 형성하고 있다.

이와 같이 애니메이션은 독특한 성격의 영화로만 분류되어 왔고, 어린이 대상의 오락물로 한정시켜 하위문화처럼 취급해 온 사회적 배경과 인식이 있었다(이용배, 2003). 그러나 전자영상매체 시대에 애니메이션은 또 하나의 문화예술이 될 수 있다. 애니메이션은 문화예술작품과 마찬가지로 말과 글, 이야기, 시각·공간 이미지, 음악, 움직임 등 다양한 상징 요소가 아름다운 영상미로 표현되기 때문이다.

문화예술 교육매체인 그림책과 애니메이션의 상징 요소는 〈표 3-2〉와 같다.

〈표 3-2〉 그림책과 애니메이션의 상징 요소

문화예술 교육매체	상징 요소
그림책	• 문학: 언어(글)-자음과 모음, 음소, 음절, 형태소, 단어, 어휘, 구, 절, 문장 등 이야기(인물, 사건, 배경, 구성 등) • 미술: 시각 이미지(점, 선, 면, 형, 색, 질감, 공간, 여백 등)
애니메이션	• 문학: 언어(말)-자음과 모음, 음소, 음절, 형태소, 단어, 어휘, 구, 절, 문장 등 이야기(인물, 사건, 배경, 구성 등) • 미술: 시각 이미지(점, 선, 면, 형, 색, 질감, 공간, 여백 등) 3D 공간 이미지(깊이, 넓이, 원근 등) • 음악: 소리, 음, 리듬, 멜로디, 하모니, 셈여림, 템포 등 • 무용: 신체, 움직임, 공간, 시간, 에너지, 흐름, 관계 등

〈표 3-2〉에서 보는 바와 같이, 그림책은 문학, 미술로 이루어져 있다. 여기에 더해 동영상인 애니메이션은 음악, 무용까지 표현되기도 한다. 두 교육매체는 모두 문학을 포함하지만 약간의 차이가 있어서, 주로 그림책은 글로, 애니메이션은 말로 이루어져 있으며, 그림책은 시각 이미지로, 여기에 더해 애니메이션은 3D인 경우 공간 이미지까지 포괄한다. 두 교육매체의 공통점으로는 인물, 사건, 배경, 구성 등 이야기로 이루어져 있다는 점이다.

각 상징 요소에 따라 영유아는 고유한 심미적 감성을 느낄 수 있다. 문화예술은 아름다움을 느끼고 탐구하는 것이며, 이것은 감각적인 관찰과 이성적인 탐색의 통합으로 가능하다. 따라서 영유아는 문화예술 교육매체의 형식에 포함된 요소를 깊이 있게 탐구하면서 아름다움을 느끼고, 그 느낌을 다시 표현하는 과정에서 심미적 감성 역량을 기르게 된다. 심미적 감성을 느끼기 위해서는 기본적으로 심미적 감성을 느낄 수 있는 문화예술 교육매체를 선택하는 것이 필요하다.

3) 문화예술 교육매체의 질

어떠한 문화예술 교육매체를 선정하느냐에 따라 교육현장에서 다루어지는 내용이 좌우된다. 이에 따라 영유아가 질 높은 문화예술을 경험하게 된다. 따라서 질 높은 문화예술 교육매체를 선정하는 것이 매우 중요하다. 그 이유는 다음과 같다. 첫째, 질 높은 문화예술 교육매체는 인성을 포함한 사회적 가치가 이야기(스토리)에 녹아 있기 때문에 맥락 안에서 이해되고 영유아의 흥미를 끈다. 그리고 영유아가 문화예술 교육매체에 흥미를 가지기 때문에 놀고 즐기는 과정에서 작품이 품고 있는 사회적 가치가 자연스럽게 영유아의 삶(일상)과 통합되어 인성역량이 강화된다. 둘째, 질 높은 문화예술 교육매체는 사회적 가치가 아름답고 감성적인 예술로 집약되어 있기 때문에 영유아의 심미적 감성 역량 또한 증진시킨다. 셋째, 질 높은 문화예술 교육매체는 사회적 가치가 이미지, 소리, 움직임의 상징으로 표현되어 있기 때문에 그 안에 담긴 의미를 읽어 내고 읽어 낸 의미를 다시 표현하는 일련의 과정에서 창의성과 의사소통 역량이 강화된다.

그림책이나 애니메이션 등 문화예술 교육매체가 갖추어야 할 질적 기준은 무엇일까? 교사는 질 높은 문화예술 교육매체를 선정하기 위한 조건을 이해해야 한다. 문화예술 교육매체의 질 기준을 문학성, 예술성, 교육성 등 세 가지로 나누어 제시하면 〈표 3-3〉과 같다.

〈표 3-3〉에서와 같이 질 높은 문화예술 교육매체를 선정하기 위해서는 문학성, 예술성, 교육성을 고려하게 된다. 먼저 문학성에서 이야기는 무엇인가? 이야기(narrative)란 어떤 사물이나 사실, 현상에 대하여 일정한 줄거리를 가지고 하는 말이나 글을 말한다. 문학은 말로 구전되는 구전문학도 있으나 대개 글로 표현된다. 문학에서 이야기는 배경, 인물, 구성(플롯), 이야기를 이루는 분위기인 톤으로 이루

〈표 3-3〉 문화예술 교육매체의 질 기준

특성	질 기준
문학성	• 말이나 글이 적절한가? - 자음과 모음, 음소, 음절, 형태소, 단어, 어휘, 구, 절, 문장 등 - 반복적, 리듬, 풍부한 어휘와 묘사, 모국어의 미, 대화체 등 • 좋은 이야기로 이루어져 있는가? - 이야기 원형의 아름다움, 시대, 인종, 문화를 초월한 보편적 진리 등 - 인물, 사건, 배경, 구성 등 - 이야기 구성의 단순성, 명확성, 안정성 등 - 짜임새 있는 구조 등 - 내러티브 특성의 연속성, 관계성, 변화성 등 - 우의성(어떤 의미를 직접 말하지 않고 빗대어 넌지시 비춤) 등
예술성	• 글과 그림의 관계가 조화로운가? - 통일성(일치성), 조화성, 보완성 등 • 시각 · 공간 이미지가 아름답고 조화로운가? - 시각 이미지(점, 선, 면, 형, 색, 질감, 공간, 여백 등) - 조화(균형, 강조, 비례, 움직임, 리듬, 반복, 패턴, 조화와 통일 등) • 음악의 조화와 균형이 있는가? - 소리, 음, 리듬(박자, 장단, 악센트, 박자, 리듬패턴), 멜로디(고저, 음의 흐름), 하모니, 음색, 형식(반복, 변형, 대조), 조직(단성, 화성, 다성), 표현요소(빠르기, 셈여림) 등 - 조화(균형, 강조, 비례, 움직임, 리듬, 반복, 패턴, 조화와 통일 등) • 움직임이 조화로운가? - 신체, 움직임, 공간, 시간, 에너지, 흐름, 관계 등 - 조화(균형, 강조, 비례, 움직임, 리듬, 반복, 패턴, 조화와 통일 등)
교육성	• 영유아의 발달에 적합한 내용인가? - 영유아의 연령에 적합한 이야기의 길이, 주제 및 구조의 복잡성 정도 등 - 영유아가 일상에서 경험할 수 있는 친숙한 소재, 공감, 동일시 등 • 영유아가 재미있어하는가? - 상상을 유발하는 신선한 이야기가 담긴 상상, 판타지, 모험 등의 이야기 등 - 영유아 개인의 흥미와 관심사에 적합한 재미, 몰입, 즐거움, 동기화 등 • 영유아에게 긍정적 영향을 주는 가치가 있는 것인가? - 다양한 생활소재를 반영한 문화 이해 및 수용의 포함 등 - 바른 생각, 가치관, 분별력, 세계관 등 - 가치 있는 주제 등 - 상상력과 창의적 사고의 자극 등 - 직접 경험의 촉진, 간접 경험의 효과 등 - 고정관념 탈피 등 - 보편적 가치와 감성과 관련한 자유, 존중, 공감, 헌신, 성장, 사랑, 희망 등 - 국가 영유아 교육과정의 목적 및 목표와의 연계 등

어진다. 구두를 통한 이야기는 대인관계의 의사소통과 인간의 사회화에 있어 가장 주된 수단이며, 동시에 언어의 표현양식으로 우리가 생각하고 느끼는 방식에 영향을 준다. 이야기는 개인적인 차원에서 자기 자신이 누구인지, 무엇을 하는지를 설명하는 정체성 표현의 수단이고, 문화적인 차원에서 어떤 신념이나 가치를 공유하거나 전달하는 역할을 한다(위키피디아, 2014b).

이야기는 하나 혹은 일련의 사건에 질서를 부여한 담론(discourse) 형식으로, 글, 노래, 영화, TV, 게임, 사진, 연극, 역할 놀이 게임, 그림과 같은 시각예술 등 인간의 창의성과 예술의 모든 형태에서 발견되며, 사건의 순서를 묘사한다(위키피디아, 2014b). 대상과 현상 및 문화에 대한 자신의 생각과 감정은 문학, 미술, 음악, 무용, 연극, 영화 등에 '이야기'로 담긴다. 애니메이션의 음악은 소리와 음 요소로 구성되어 있지만, 서사구조를 갖추고 이야기를 전달하는 하나의 방법으로 사용된다. 무용, 연극도 이야기가 담겨 있기는 마찬가지이다. 그림이나 그림책 역시 글과 그림들은 작가가 전하고자 하는 의미를 담은 문화적 기호로서 아이들에게 전달된다. 문화예술로 소통한다는 것은 그 속에 담긴 이야기의 내용을 이해하고 이야기를 담은 문화예술로 표현하는 것을 의미한다. 따라서 이야기 방식에 관하여 이해할 필요가 있다. 이야기 방식은 오늘날 문화예술 분야뿐만 아니라 경제 및 산업, 교육학 등 여러 분야에서 등장한다.

이야기는 인간 생활의 여러 가지 문화예술 표현 형태이다. 오늘날 말이나 글 외에도 다양한 문화예술 매체는 이야기로 조직되어 그 이야기 결과물은 우리 생활 전반에 걸쳐 광범위하게 활용되고 있다. 예를 들어, 말로 하는 이야기나 책 속의 이야기, 그림이나 사진과 같은 시각예술에 담긴 이야기, 광고와 드라마 또는 영화 등 동영상 속의 이야기, TV의 예능 프로그램이나 오락 게임의 이야기, 음악이나 연극과 뮤지컬 등 공연물의 이야기 등이 해당된다. 따라서 영화, 만화, 음악, 무용 등 모든 수단의 표현 방식에서 전하고자 하는 일종의 이야기가 있다. 이와 같이 이야기는 언어로 기술이 불가능한 모든 종류의 서사성 전부를 포함하는 개념으로 이해된다.

두 번째 예술성에 있어서 그림책의 경우 글과 그림의 관계는 통일성(일치성), 조화성, 보완성 등이 있어야 한다. 그림의 선과 형, 색, 질감, 공간, 구조, 글씨체 등이 전체적으로 조화를 이루게 될 때 예술적 아름다움이 느껴질 수 있다. 그림뿐만 아니라 글씨체, 구조(플롯)가 조화를 이루어 이야기의 '발단-전개-절정-결말' 전개가 통일되게 구성될 때 전체적으로 예술성이 갖추어지게 된다. 영유아와 교사가 그림책을 읽으면서 심미적 요소를 탐색한다는 것은 궁극적으로 가지게 되는 '아름다움의 느낌'을 불러일으키는 요소가 구체적으로 무엇인지를 찾아내고 분석한다는 것을 의미한다. 문화예술로서의 그림책에 대한 깊은 이해와 맥락적이고 반성적인 사고에 의한 그림책의 심미적 접근은 예술형식으로서의 그림책을 이해하고 느낌으로서 감성적 교육이 이루어지도록 돕는다(임부연, 박향원, 2008).

시각 · 공간 이미지에 있어서 영유아가 그림을 볼 때 무엇을 느낄까? 먼저 시각 이미지 형식에서 기본적인 상징 요소는 선, 형, 색, 질감, 공간, 여백 등이다. 이러한 상징 요소를 탐색하여 지각하고, 효과적으로 사용하여 표현의 대상을 상징적으로 형상화할 수 있고, 미적 쾌감 및 다양한 감정을 불러일으킬 수 있다. 예를 들어, 선과 형에서 직선은 역동성과 긴장감을 주고, 곡선은 편안하고, 안정감을 준다. 선과 형을 강조, 확대, 생략, 축소 등 자유자재로 사용하여 영유아가 이해하기 쉽고 흥미를 유발시킬 수 있다. 색은 색상, 채도, 명도를 개성 있고 조화롭게 사용하여 색 분위기를 나타냄으로써 보는 사람의 감정 상태에 영향을 준다. 질감은 물체 표면의 결을 나타내는 다양한 기법인 콜라주, 탁본, 임파스토 등을 사용하여 영유아의 시지각적, 감각적, 정서적, 미적 능력을 향상시켜 주고 흥미를 불러일으킨다. 공간은 중첩, 대각선 이동, 점점 크거나 작게, 원근법, 색, 수직적 배치, 축약 등 다양한 기법을 사용하여 거리감이나 깊이를 전달하고, 화면을 구성하고, 흐름을 연결하며, 여유와 변화, 통일감을 전달한다. 여백은 화면의 무의미한 공간이 아니라 공허함, 산만함, 답답함, 여유로움, 편안함 등 다양한 감정을 느끼게 하기도 하고, 여백의 구성 자체가 이야기의 흐름을 표현하기도 한다. 나아가 이 시각적 요소들을 적절히 관련지어 조화, 균형, 통일, 리듬, 반복, 패턴, 강조, 대비, 비례, 움직임 등 심미적 원리를 탐색 및 표현하면 영유아가 시각적 아름다움 및 심미적 감수성을 느낄 수 있다.

상(像) 또는 이미지(image)는 2차원 평면 위에 그려진 시각적 표현물을 가리킨다. 이미지에는 정지 화면과 동영상이 있지만, 동영상은 영상이라고 불리는 경우가 많기 때문에 그림책은 정지 화면이다(위키피디아, 2017a). 영유아들은 대개 문자 이전에 그림을 먼저 접하게 되고 좋아한다. 미적 인식능력 발달 단계(Parsons, Johnston, & Durham, 1978)에 의하면, 0~4세 영유아는 대부분의 그림에 대한 직관적 기쁨을 느끼고, 색 자체를 즐기는 천성적 애호 단계에 있다. 그 후 4~9세에는 그림의 주제가 그림 감상과 판단의 중심이 되고, 묘사가 판단의 관건이며, 아름다움과 사실적인 묘사를 그림 판단의 객관적인 준거로 삼게 된다. 명화, 그림책 등 시각적 정보를 담은 작품은 영유아들에게 시각적으로 많은 이미지를 경험하게 해 준다, 영유아는 자연스럽게 '나는 이 그림이 마음에 든다.' '나는 이 그림이 마음에 들지 않는다.'와 같은 비평을 한다. 작가들이 대상에 대해 가지는 자신의 열정, 애정, 사상, 감정들을 다양한 표현기법으로 담아내고 있는 시각적 이미지를 영유아가 경험하게 하면서 교사는 작가의 생각과 감정이 담겨 있다는 사실을 이해하도록 도와줄 수 있다.

한편, 음악에 있어서 예를 들어 월트 디즈니(Walt Disney)의 〈환타지아 2000(Fantasia, 2000)〉의 모든 시퀀스는 대사 없이 클래식 음악으로만 진행되는 여덟 개의 단편으로 구성되어 있다. 음악의 상징 요소는 멜로디, 하모니, 리듬 등이다. 그림이나 그림책 등 시각매체에 비하여 눈에 보이지 않는 청각 매체인 음악에서 음악 요소만으로 이루어진 매체로는 교사가 활동을 전개하기가 쉽지 않다. 음악이 주는 그 특별한 감정을 말로 표현하거나 이야기로 구성하기가 어렵기 때문이다. 또한 시각적 이미지가 지속적이어서 반복할 수 있는 데 비하여, 청각적 음악은 즉흥적이어서 그 자리에서 듣고 사라져 버리기 때문이다. 따라서 음악은 이미지와 함께 조화를 이루는 애니메이션 같은 전자영상매체를 가지고 교육적으로 접근할 때 영유아들도 이야기로 구성하는 것이 가능하고 이미지가 표현하기 어려운 감정을 더욱 촉진할 수 있다.

교사는 음악이 무엇으로 구성되어 있고, 이것이 영유아에게 어떤 영향을 미치는가를 이해할 필요가 있다. 이와 관련하여 주르뎅(Jourdain, 2008)이 그의 책『음악은 왜 우리를 사로잡는가』에서 제시한 음악의 요소에 따른 심미적 원리를 살펴보면 〈표 3-4〉와 같다.

〈표 3-4〉 음악 요소의 심미적 원리

요소	심미적 원리
소리	• 이 세상은 많은 소리로 가득 차 있다. • 나는 소리를 들을 수 있다. • 소리는 진동으로 되어 있다. • 소리와 음악은 귀가 아니라 마음으로 듣는 것이다. • 사람마다 소리가 다르게 들릴 수 있다. • 소리가 패턴이나 관계로 질서 있게 배열될 때 소음이 아니라 음악이 된다. • 동물들은 다양한 방법으로 소리를 낸다.

음	• 소리가 규칙적인 패턴으로 정렬된 것이 음이다. • 음 안에는 수많은 소리가 숨어 있다. • 음은 우리 귀를 즐겁게 한다. • 음은 울림(공명)과 밀접한 관계가 있다. • 악기는 소리의 울림이다. • 공명이 크고 긴 소리가 나는 악기가 있고, 그렇지 않은 악기가 있다. • 큰 물체는 소리와 울림이 크고 낮은 소리가 난다. 작은 물체는 그 반대이다. • 우리의 목소리는 자유자재로 소리가 나고 변화시킬 수 있다. • 주위에 소리와 울림이 큰 재료와 그렇지 않은 재료가 있다. • 소리와 울림이 큰 공간이 있고, 작은 공간이 있다.
멜로디	• 음들의 관계가 멜로디이다. • 음들이 순서대로 정렬되어야 비로소 음악이 된다. • 멜로디는 음이 연속되는 것이다. • 멜로디는 다양한 리듬과 악센트를 가진 음으로 되어 있다.
하모니	• 서로 잘 어울리는 음이 있고, 잘 어울리지 않는 음이 있다.
리듬	• 리듬이 강한 음악도 있고, 약한 음악도 있다. • 리듬은 박자로 되어 있다. • 박자는 규칙적이다. • 박자는 예측적이다. • 말에도 리듬이 있다. • 음악의 리듬은 손과 몸 동작을 통해 표현될 수 있다.
작곡	• 내 머릿속에 떠오르는 대로 마음껏 노래 부르거나 악기를 연주하는 것도 음악이 될 수 있다.
감상	• 내가 좋아하는 음악이 있다. • 좋아하는 음악은 사람마다 다를 수 있다.
이해	• 음악을 이용하여 의사를 주고받는다. • 음악은 나의 마음속에 있는 감정을 표현하는 하나의 방법이다. • 음악은 몸을 움직이는 느낌에 대해서도 표현할 수 있다.
황홀경	• 음악은 감동을 줄 수 있다. • 음악에 대한 감동을 몸으로 표현할 수 있다.

〈표 3-4〉는 음악을 시작하기 이전에 소리로부터 출발하여 기본 단위인 음을 다루고, 이어서 음악의 주요소인 멜로디, 하모니, 리듬을 거쳐, 작곡, 감상, 이해, 황홀경에 이르는 심미적 감성을 경험하는 것을 나타내고 있다. 이는 다양한 음악적 자극을 수용하고, 음악의 구성요소들 간의 관련성 속에서 감정을 느끼고 미적 감수성

을 경험하는 것을 의미한다.

한편, 움직임의 요소는 공간, 시간, 힘, 관계 등이다. 움직임의 요소에 따른 심미적 원리는, 예를 들어 공간은 어디에서 움직이는지와 관련되고, 장소, 높이, 크기, 방향, 경로를 포함한다. 시간은 어떻게 움직이는가와 관련되고, 속도, 리듬을 포함한다. 힘은 어떻게 움직이는가와 관련되고, 에너지, 무게, 흐름, 균형, 관계를 포함한다. 관계는 자신의 몸이 타인, 물체와의 관계 인식을 포함한다. 시간과 공간의 맥락에서 사람이 관계를 맺는 것이 동작의 요소이며, 이러한 기본 요소를 중심으로 조화와 균형을 구성한 움직임을 경험함으로써 영유아는 심미적 감성을 기를 수 있다.

마지막으로 교육성 측면에서 문화예술 교육매체의 내용이 영유아의 발달적 이해 수준, 개인적인 흥미 등의 특성, 긍정적인 가치가 있는지를 고려한다. 즉, 영유아의 연령에 적합하여 이해하고 공감할 수 있는 내용으로 구성된 작품, 일상생활 경험과 관련이 있거나 흥미를 끌 수 있는 주제나 소재로 구성되어 있는 것을 선정한다. 영유아가 문화예술 교육매체의 내용에 흥미와 관심이 있을 때 다른 사람들과 더욱 활발히 의사소통하게 되고 의미를 발전시켜 나갈 수 있기 때문이다. 동시에 보편적인 삶의 주제, 지식과 개념 등 사회적 가치가 통합적으로 표현되었는지를 고려하여 교육적인 매체를 선정해야 한다.

3. 상징의 의미 문해

앞서 문화의 개념에서 밝혔듯이 문화의 두 번째 개념은 문화예술작품에서 상징으로 표현된 생활양식(지식, 사고, 감정, 태도, 신념, 도덕, 가치 등)의 의미를 깊이 있게 해석하고 표현하는 것이다. 이를 위하여 상징의 의미 해석, 지각발달 과정, 이야기하기에 관하여 설명하고자 한다.

1) 상징의 의미 해석

상징(象徵, symbol)은 추상적인 개념이나 사물을 구체적인 사물로 나타내거나 그렇게 나타낸 표지(標識) · 기호 · 물건 따위이다. 또한 연상, 닮음, 관례에 의해 다른 것을 표현하는 개체, 그림, 쓰인 말, 소리, 마크와 같은 것이다. 이를테면 빨간 팔각

형은 'STOP'을 표현한다. 모든 언어는 상징으로 구성되어 있다. '고양이'라는 낱말은 실제 고양이가 아니고, 단지 고양이라는 관념을 표현한다(위키피디아, 2014a).

상징을 나타내는 단어인 'symbol'은 '함께 묶다' '함께 연결시킨다'라는 뜻을 지닌 그리스어 '숨발레인(sumballein)'에서 유래한다. 숨발레인의 명사형인 '숨발론(sumbalon)'은 어떤 사물을 둘로 잘라 나중에 맞추어 봄으로써 서로를 알아보는 증표로 사용되는 것이라고 한다. 상징은 서로 관련지어 주고 상상하도록 도와주는 강력한 힘을 가진 연결소이다(Benoist, 2006). 과거 역사 속 유리왕이 소나무를 떠받치고 있는 칠각 주춧돌 아래에서 부러진 칼을 찾아내어 아버지 주몽을 찾아 나서는 일처럼, 서로를 알아보는 데 결정적인 역할을 하는 정표가 바로 숨발론인 것이다.

상징은 시각이나 청각 등으로 직접 지각할 수 없는 의미나 가치 등을 형상으로 구상화하는 것을 칭한다. 즉, 어떤 유사성에 의해서 구체화하는 것으로서, 그것을 매개로 하여 다른 것을 알게 도와주는 것이다(두피디아, 2015). 우리 주변에서 이러한 상징의 예는 쉽게 찾아볼 수 있으며, 그 예는 [그림 3-6]과 같다.

[그림 3-6] 상징의 예

[그림 3-6]에 제시된 바와 같이 우리는 직접 눈으로 볼 수 없는 '평화'를 '비둘기'로 나타내고, '생명'을 표현하기 위해 '봄의 새싹'을 사용하며, 빨간색 하트 모양으로 '사랑'을 표현하여 그 의미를 드러낼 수 있다. 이처럼 우리는 일상에서 듣고 보고 느끼는 것과 같은 감각적 경험을 통해 세계와 접촉하게 되는데, 이렇게 감각적으로 받아들이는 것에 의미(meaning)가 포함될 때 그것은 상징이 된다(박일호, 2006).

그렇다면 의미란 무엇인가? 의미(meaning)란 인간의 사상(생각), 감정(느낌), 혹은 더 깊은 내면세계의 원시적인 충동 같은 것(김재은, 2014)이고, 긴 역사 속에 전

이렇게 생각과 느낌, 의미를 포함하고 있는 상징이 하나의 체계를 이루게 되면 이것을 상징 형식이라고 일컫는다(김길웅, 2003). 즉, 상징 형식이란 사람들이 자신의 감정이나 신념 등을 표현하기 위해 사용하는 형식으로서, 그림, 사진, 음악, 동영상, 춤, 그림책, 연극 등 다양한 문화예술 산물로 나타나고 있다. 한편, 영유아교육현장에서는 '표상 형식'이라는 용어로 더 많이 사용된다. '표상 형식'이란 '우리가 경험한 것이나 상상한 것을 전달하기 위해 사용하는 모종의 방식'으로서, 아이즈너(Eisner, 1996)는 문화 속에서 사용하고 있는 여러 가지 표상 형식 내에 들어 있는 의미를 부호화하고 해독하는 능력이 중요함을 강조하고 있다.

의미의 중요성을 드러내는 시가 한 편 있다. 김춘수(2013)의 「꽃」이라는 시는 인간 세상에서 하나의 몸짓에 불과하던 대상이 의미 부여를 통해 상호 특별한 존재가 될 수 있다는 것을 잘 드러낸다. 즉, 나와 관련짓는 의미화가 이루어질 때 비로소 세상은 존재하고 의미가 있게 될 것이다. 브루너(Bruner, 2005)가 이야기하였듯이 인간은 자기기술적인 내러티브 속에서 자기 자신을 어떻게 위치시켜야 하는가를 알게 되고, 어떻게 해야 세상에 익숙해지고 편해지는가 하는 문제를 이해하게 된다. 요컨대 급격하고 불안정한 교육환경 속에서 무엇보다도 필요한 것은 인간의 '주체성'과 '의미'의 회복이다.

또한 상징을 인식하고 사용하는 것은 일상의 모든 것에 대해 소중함을 느끼게 하는 계기가 될 수 있다.

"왜 우리 집의 벽은 그 색일까?"
"왜 저 길에 그 표지판이 있는 것일까?"
"왜 저 광고에는 코끼리가 나오는 걸까?"
"왜 우체국 앞에는 제비 같은 그림이 있는 걸까?"
"왜 내 동생은 저런 움직임을 하고 있을까?"

우리의 일상에서 이렇게 호기심을 가지고 끊임없이 '왜?'를 묻고 생각하게 되면, 삶의 곳곳에 숨어 있는 상징의 의미를 찾아갈 수 있는 눈과 마음이 열리게 될 것이다. 일상에서 접하는 작은 것 하나도 이유 없이 이루어지는 것은 없다는 것을 깨닫게 되면서 소소한 일상에 의미와 가치를 부여하게 되는 것이다. 이와 같이 상징은 우리가 감각적으로 받아들이는 것에 대한 의미가 함축되어 있는 것으로서, 상징을 찾고 그 의미를 해석해 나가면서 우리의 삶(문화)은 보다 풍부해질 수 있으며, 소소한 일상에 가치를 부여함으로써 보다 질 높은 삶을 영위할 수 있게 된다.

이렇듯 문화문해교육의 내용은 다양한 문화소통 경험이다. 소통 혹은 커뮤니케이션이라는 단어는 일반적으로는 사람과 사람이 서로 이야기를 나눈다는 의미로 사용되곤 한다. 그러나 문화 역시 사람들에게 그냥 툭 던져지는 것이 아니라 그것과 사람들이 대화를 나누는 것이다(김정은, 2003). 따라서 문화문해교육에서 교사는 문화가 건네는 이야기를 영유아가 읽어 낼 수 있도록 지원해야 하고, 더 나아가 영유아 자신의 이야기를 문화예술로 창작하여 쌍방향 소통이 가능하도록 지원해야 한다.

2) 영유아의 지각발달 과정

현대 사회는 분석적이고 논리적인 과학적 사고뿐 아니라 상상력과 창의력이 필요한 시대이고, 타인과 감정적 공감대를 만들어 내는 능력이 필요한 시대이다. 특히 인공지능이 발달하는 미래를 맞이하면서 우리는 인공지능에 비해 인간만이 잘할 수 있는 것이 무엇인지, 인간이란 어떤 존재이지, 인간다운 삶이란 무엇인지에 대한 답을 찾아갈 필요가 있다. 지식을 담아내는 것에만 초점을 두는 교육에서 벗어나 감성과 인성이 살아 숨 쉬는 교육(강나리, 2016), 즉 인지와 감성의 조화를 이

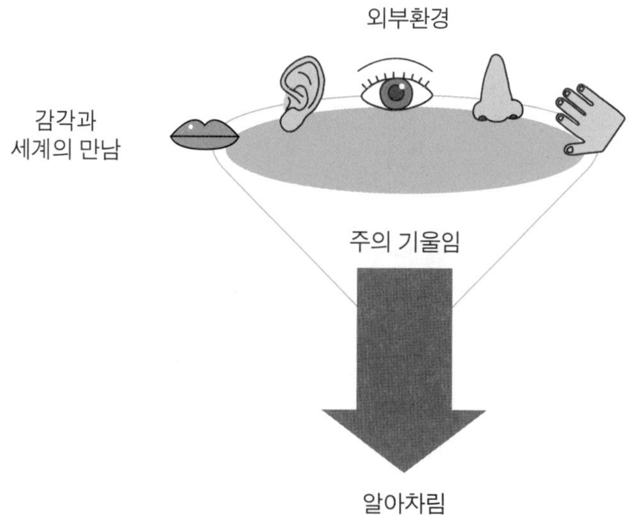

[그림 3-10] 감각과 주의, 지각의 과정

루는 교육의 방향으로 나아가야 한다. 이에 다음에서는 인지 · 감성 조화의 의미 해석 과정인 문화문해교육의 내용을 감각과 주의, 지각의 과정을 통해 알아보고자 한다. 감각과 주의, 지각의 과정을 간단히 나타내면 [그림 3-10]과 같다.

[그림 3-10]과 같이 인간은 감각기관을 통해 외부 환경과 만나게 된다. 그리고 감각기관을 통해 들어온 무수히 많은 감각 정보 중에서 우리의 마음을 끄는 것에 주의를 기울이게 되고, 그 자극이 무엇인지 알고 느끼며 해석하는 지각 과정이 이루어진다. 이 과정은 거의 동시에 일어나는 과정으로서 구분이 쉽지는 않지만, 각 과정의 중요성을 이해하기 위해 나누어 살펴보고자 한다.

(1) 감각과 세계의 만남

대상에 대해 알고 느끼는 것은 감각(感覺, sense)으로부터 시작된다. 보고, 듣고, 만지고, 냄새 맡고, 느끼는 오감각은 인간의 생물학적인 체계로서 외부 세상과 만나는 첫 번째 통로이다. 뇌가 아무리 우수한 기능을 가지고 치밀한 시스템을 구축하고 있다 할지라도 뇌에 정보가 입력되지 않으면 사고하는 일도, 판단하는 일도 불가능하다. 뇌가 뇌로서의 기능을 다하기 위해서는 먼저 정보를 받아들이는 것이 중요한데, 그 정보를 뇌에 전달하는 것이 바로 감각이다(山元大輪, 2002). 감각기관을 통해 세계와 만나는 과정을 살펴보면 [그림 3-11]과 같다.

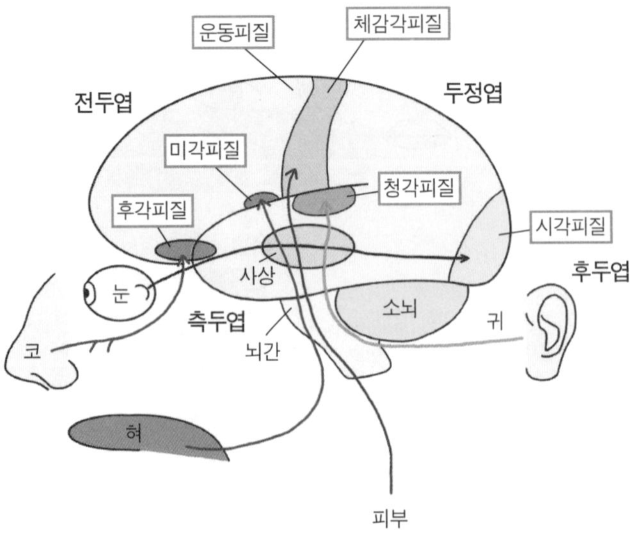

[그림 3-11] 감각과 세계의 만남 과정

[그림 3-11]과 같이 시각은 눈, 청각은 귀, 미각은 혀, 후각은 코, 촉각은 피부의 감각기관을 통해 외부 세계를 경험한다. 그리고 감각기관을 통해 모인 정보는 모두 전기신호로 바뀌어 두뇌로 전송된다. 전송된 정보 중 시각은 후두엽의 일차 시각피질로, 청각은 측두엽의 일차 청각피질로, 후각은 일차 후각피질로, 나머지 정보는 두정엽의 일차 체감각피질로 보내져 그곳의 뉴런이 해석한다. 즉, 우리는 보고 듣고 만지고 냄새 맡는 등의 감각을 통해 세상과 만나고, 이를 통해 얻은 정보를 바탕으로 생각하고 느끼고 사고한다.

이와 같이 감각이 매우 중요함에도 불구하고 학교 교육에서 이 부분이 중시되지 않음을 비판하며 아른하임(Arnheim)은 다음과 같이 언급하였다.

> 오늘날 학교에 다니는 학생들은 10~20년 동안의 학교생활을 통해 소외를 경험한다. 학생들은 단어, 개념, 수의 세계를 다루는 것을 학습한다. 그러나 학생들은 어떻게 실제의 세계를 경험하는지를 배우지 못한다. 이들이 학교를 졸업할 때에는 문화에 살아가는 것에 익숙해지지만, 우리는 각각의 사건과 사물들이 우리의 감각에 제공하는 풍부한 의미를 지각하는 능력을 상실하게 된다(이병준 외, 2010: 131).

우리는 실제 삶 속에서 늘 무언가를 보고 듣고 만지는 등의 감각을 통해 세상과 소통한다. 그런데 학교 현장에서는 직접 경험보다는 책상에 앉아서 인쇄된 글자와 수, 그리고 추상적인 교사의 언어에 의존한 학습이 주를 이루고 있다. 이로 인해 세상이 우리에게 주는 다양한 경험과 풍부한 정서를 느끼지 못하고, 그 안에 담겨 있는 의미를 읽어 내는 능력도 상실하게 된다. 꽃 한 송이라도 그것을 직접 보고, 냄새를 맡아 보고, 손으로 느껴 보고, 꽃잎을 흩날려 보고, 꽃처럼 움직여 보는 등의 감각 경험을 했을 때와 그렇지 않았을 때 꽃에 대해 가지게 되는 의미는 확연히 달라진다. 이렇게 감각을 통한 경험은 세상에 대하여 풍부하게 알고 느낄 수 있는 기회를 제공한다.

또한 감각은 표현활동의 기초를 마련해 준다. 예술가들이 단지 특별한 표현 방법을 알고 사용했기 때문에 뛰어난 작품을 만들어 내는 것은 아니다. 예술가들이 향유하는 감각의 내용과 질이 '일반인'들과 다르기 때문에 그 시작점부터 차이가 난다고 할 수 있다. 우리는 감각기관을 통해서 세상을 경험하고 그 경험을 다양한 표현

방법으로 나타내게 되는데, 이때 사람마다 '감각기관을 통해 경험한 세상'이 다르기 때문에 표현의 수준과 내용도 다를 수밖에 없다는 것이다(최현철, 2012). 그러므로 풍부한 감각 경험은 표현활동에도 중대한 영향을 미친다.

다음은 뇌 활동의 시작인 오감각 중 교육활동에서 주요하게 활용되는 시각, 청각, 운동감각의 중요성을 살펴보고자 한다. 또한 창의적 사고가 요구되는 시대변화에 따라 관심이 높아진 공감각에 대해서도 살펴보고자 한다.

① 시각

시각(視覺, sense of sight)은 눈을 통해 인지하는 감각이다(위키피디아, 2015c). 두뇌가 처리하는 정보의 80% 정도는 눈을 통해 들어온다(최현석, 2009). 대부분의 감각기관은 피부의 일부가 변형·발달되어 뇌와 연결되면서 만들어진다. 그런데 태아의 발달 과정으로 몸의 진화 과정을 유추해 보면, 눈의 형성 과정은 다른 감각기관과 전혀 다른 양상을 보인다. 눈은 다른 감각기관처럼 피부의 한 표면이 변화 발달하여 뇌의 기능과 연결되는 것이 아니라, 뇌의 일부가 피부로 뻗어 나오면서 만들어진다. 이처럼 뇌의 연장이며, 뇌의 일부가 뻗어 나와 밖으로 노출된 것이 우리의 눈이라고 할 수 있다. 두개골 속의 폐쇄된 공간에 위치한 뇌가 눈이라는 감각기관을 통해 세상의 빛을 찾아 나온 것처럼, 그리고 호기심에 찬 뇌가 바깥세상을 향해 뻗어 나온 것처럼 말이다(Soesman, 2009).

실체를 보는 시각경험은 어떤 대상을 마음속으로만 생각하는 것에 비해서 더욱 풍부한 감성을 느끼게 한다. 예를 들어, 직접 그 공원을 볼 때 그와 관련된 다양한 기억과 그 순간의 감정을 더 잘 떠올리게 된다. 공원에서 가족과 함께 거닐었던 일, 새에게 먹이를 주었던 일, 공원에 울려 퍼지는 연주 소리를 들었던 일, 달콤한 솜사탕을 먹었던 일 등 더 많은 것이 생각나며, 그때 느꼈던 행복감과 즐거움도 더 잘 기억할 수 있다. 시각 중에서도 특히 색은 우리의 감성에 큰 영향을 미친다. 빨간색은 따뜻한 느낌을, 주황색은 활기찬 느낌을, 노란색은 명랑한 느낌을, 초록색은 안정적인 느낌을, 하늘색은 신비로운 느낌을 우리에게 전달해 준다. 이와 같이 시각은 두뇌가 처리하는 대부분의 자극을 받아들이는 감각이고, 사물의 실체를 파악하며 풍부한 감성을 일으키는 중요한 역할을 담당한다.

② 청각

2천 년 전 스토아학파의 철학자 에픽테토스(Epictetos)는 신이 인간에게 두 개의 귀와 하나의 입을 주신 것은, 말하기보다 듣기를 더 많이 하라는 뜻이라고 하였다. 이것은 '듣기'의 중요함을 강조한 말이다. 우리는 청각(聽覺, sense of hearing)을 통해 서로의 소리를 들으며 관계를 형성해 나간다. 다른 사람의 말에 귀를 기울인다는 것은 육체적으로 귀를 가까이 대는 것을 넘어서서 정신적 차원에서 다른 사람에게 몰입한다는 것을 의미한다. 즉, 청각을 통해 비로소 사회적인 관계가 형성되는 것이다(Soesman, 2009). 또한 소리는 우리를 상상의 세계로 빠져들게 한다. 눈을 감고 파도 소리, 새 소리, 풀벌레 우는 소리, 바람에 흔들리는 풀잎 소리, 비 오는 소리, 아이들의 뛰노는 소리를 들어 보자. 자연스럽게 다양한 이미지를 떠올리면서 상상의 나래를 펼치게 된다.

귀를 통해 들어오는 자극은 앞서 언급한 소리 외에도 말, 음악 등 다양하다. 그중 음악은 언어로 의사소통하는 것과 달리 번역을 필요로 하지 않는다. 자신의 생각이나 감정을 다른 나라 사람에게 언어로 전달할 때는 상대방이 사용하는 말로 번역되어야 그 의미가 제대로 전달될 수 있다. 그러나 음악은 번역하지 않고도 자신의 감정을 전달할 수 있고, 또한 상대방을 이해할 수 있다. 음악은 우리를 울릴 수도 있고, 즐겁게 할 수도 있으며, 화나는 감정을 누그러뜨리기도 한다. 인간의 감각기관 중에서 청각만큼 예민한 것도 없고(김대식, 2007), 재빨리 감정을 끌어내는 것도 없다. 요즘 대부분의 영화에 배경음악을 삽입하고 있는데, 이 역시 빠른 시간에 적절한 감성을 느끼게 하는 방법이다. 이와 같이 청각은 다른 감각에 비해 더 많은 상상을 하도록 이끌고, 사람들의 감성을 끌어내는 데 중요한 역할을 한다.

③ 운동감각

운동감각(運動感覺, cinesthesia)은 신체동작에 따른 운동을 인지하는 감각을 말한다(위키피디아, 2015d). 근육이 수축하거나 늘어날 때 만들어지는 감각 정보로서 몸의 각 부분이 어디에 있고, 어떻게 움직이고 있는지를 뇌에 전달한다(최현석, 2010). 그 덕분에 우리는 눈을 감고도 팔이나 다리의 위치와 움직임을 알 수 있다. 그러나 우리가 의식적으로 주의를 기울이지 않는 한, 근육과 관절이 감각한 것을 거의 알아차리지는 못한다. 그래서 이 감각을 '제6감각' 혹은 '비밀의 감각'이라고도 부른다(Root-Bernstein & Root-Bernstein, 2001).

이 '비밀의 감각'도 때로는 의식적이 될 때가 있다. 우리가 처음 어떤 행위를 배울 때는 대단히 의식적으로 몸의 움직임에 주의를 기울이게 된다. 자전거 타기, 바느질하기, 악기 연주하기, 수영하기, 운전하기 등과 같은 일을 처음 배울 때를 생각해 보면, 대단히 의식적으로 배우고 연습했음을 알 수 있다. 그러나 그러한 동작이 몸에 익으면 점차 의식하지 않고도 그 일을 할 수 있게 된다. 또한 한동안 그 행동을 하지 않다가 오랜만에 하는 경우에도 의식하지 않고 능숙하게 잘 해낼 수 있다. 오랫동안 자전거를 타지 않다가 오랜만에 자전거를 탈 때, '과연 탈 수 있을까?' '자전거 타는 것이 기억날까?' '오른쪽으로 쓰러지려고 하면 어느 쪽으로 핸들을 꺾는 거였지?' 등 여러 생각을 하며 망설이곤 한다. 그러나 자전거를 타는 순간 의식하지 않아도 넘어지지 않고 잘 타는 자신을 보게 된다. 이것은 몸의 근육이 자세와 몸짓을 기억하여 저장하고 있기 때문이다.

몸의 움직임은 감정과도 깊은 관계가 있다. 우리는 어떤 감정을 느낄 때 그 감정이 자연스럽게 몸의 움직임으로 나타나는 것을 경험한다. 기쁘면 뛰면서 고함지르고, 두려우면 온몸이 경직되고, 만족하면 느슨해지고, 불안하면 안절부절못하곤 한다. 이와 같이 신체는 끊임없이 생각과 감정을 나타낸다(Auer, 2013). 따라서 움직임은 단순한 의사전달에서부터 정서표현에 이르기까지 사람들의 내면을 나타낸다고 할 수 있다. 그러나 때로 교육현장에서는 "얌전히 앉아라." "만지작거리지 마라." "뛰지 마라." "올라가지 마라." "가만히 있어라."와 같은 말로 감정을 자제하게 하면서 자발적이고 자연스러운 행동을 억제시키곤 한다(성광수, 조광제, 류분순, 2003).

특히 어린 시기에는 직접 몸을 움직이고, 움직이고 있는 신체의 감각에 예의 주시하면서 자신의 감정과 신체를 조화시켜 성장할 수 있는 기회가 주어져야 한다. 모든 아이는 크레용 한 상자를 받아 그림 그리기의 근본 원리나 색의 사용법을 배울 권리가 있다. 그들이 장차 전문적인 화가가 되지 않더라도 말이다. 이와 마찬가지로 삶에 대한 자기 나름의 반응을 표현하기 위해 자신의 신체를 이용하고 조절하는 방법을 배울 권리도 있다. 그들이 장차 전문적인 무용수가 되지 않더라도 운동감각은 모든 행위에 있어서 매우 중요하기 때문이다(H'Doubler, 2004). 이와 같이 신체동작에 대한 감각적 인식인 운동감각은 생각과 감정을 드러내는 가장 기본적인 감각이라 할 수 있다.

④ 공감각

공감각(共感覺, synesthesia)이란 한 감각을 자극하면 다른 감각이 함께 자극받는 것을 말한다(Ackerman, 2010). 음을 들으면서 색을 떠올리거나 색을 보면서 촉감을 느끼는 등 서로 다른 감각이 동시에 느껴지는 것이다.

일반적으로 신생아들은 빛, 소리, 촉감, 맛, 특히 냄새를 함께 뒤섞어 경험한다. "아기는 냄새를 코를 통해서만 지각하지 않는다. 아기는 냄새를 듣고 냄새를 보고 냄새를 느낀다. 아기의 세계는 강렬한 소리, 쓴맛 나는 소리, 단맛 나는 광경, 살을 누르는 시큼한 맛으로 뒤죽박죽인 세계이다."(Ackerman, 2010: 423) 그러나 성장하면서 모든 감각적 인상을 분류하게 되고, 결과적으로 공감각은 줄어들게 된다. 물론 어른이 되어도 일정한 정도의 공감각을 가지고 있다. 그러나 예술가, 시인, 소설가들은 일반인들보다 7배나 더 많은 공감각을 나타낸다(Ramachandran, 2006). 그들은 논리적으로는 공통점이 없는 감각으로부터 공통된 성질을 끄집어내어 은유로 표현하고, 그 안에 의미를 담으며 예술작품을 만들어 낸다.

공감각은 서로 연관 없어 보이는 현상을 연결해서 의미를 창출하는 데 효과적인 감각으로서 창의적 활동에서 중요한 능력이다. "어떤 것을 들을 때 듣지만 말고 무언가를 보려고 노력하고, 어떤 것을 볼 때 보지만 말고 무언가를 들으려 노력하라."라는 김종원(2015)의 제안을 귀담아듣고 공감각적 능력을 키워 나가는 데 주력해야 할 것이다.

이와 같이 감각은 영유아가 외부 환경과 만나는 첫 번째 통로이고, 세상을 풍부하게 배울 지식의 원천이자 표현활동이 기초가 된다.

(2) 주의 기울임

앞에서 우리는 뇌가 감각기관을 통해 정보를 받아들이는 과정을 살펴보았다. 그런데 감각기관을 통해 들어온 정보는 그 양이 매우 많기 때문에 모든 정보가 뇌로 들어가 처리되는 것은 불가능하다. 따라서 일상생활에서 동시에 받은 많은 자극 중에서 특정 정보만을 선택하여 더 깊이 처리하는 기제가 필요하다. 여기에서 '주의'의 중요성을 생각해 볼 수 있다(Banich, 2009). '주의(注意, attention)'란 외부 환경 또는 개체 내부로부터의 많은 자극 중에서 특정한 것을 분명하게 지각하거나 그것에 반응하는 선택적 활동 및 상태라고 할 수 있다(박윤현, 2013). 따라서 '주의'는 우리의 감각과 저장된 기억, 그리고 다른 인지적 과정을 통해 이용 가능한 엄청난 양의 정보로부터 제한된 정보의 양을 집중적으로 처리하도록 해 주는 수단이다 (Sternberg, 2005).

그런데 주의는 단순히 어떤 대상을 보는 것과 같은, 어떤 소리에 귀를 기울이는 것과 같은 외적인 행동만으로는 부족하다. 책을 읽는 동안 눈은 책 위의 글을 응시하고 있지만, 혹은 다른 사람의 말을 듣기 위해 상대방에게 가까이 몸을 움직이지만 마음은 다른 곳에 가 있을 수 있다. 이처럼 주의를 기울인다는 것은 외적인 행동뿐 아니라 마음의 움직임을 포함하고 있다. 주의의 심적 측면에 대해 골드스타인(Goldstein, 2010)은 다음과 같은 제임스(James)의 말을 인용하고 있다.

> 수백만 개의 항목이 내 감각에 다가오지만 그 모든 것이 나의 경험이 되지는 않는다. 왜? 그것들에 나는 관심이 없기 때문이다. 내 경험이란 내가 주의를 기울이도록 동의한 것이다. …… 주의가 무엇인지는 모두가 안다. 그것은 동시에 다가오는 다수의 대상 또는 생각의 열차들 중 하나를 선택하여 선명하고 생생한 모양으로 마음에 소유하는 것이다. …… 그것은 어떤 것들을 효과적으로 처리하기 위해 다른 어떤 것들로부터 철수하는 것이다(Goldstein, 2010: 14).

이처럼 내 시야에 들어오는 모든 상이, 그리고 내 주변에서 발생하는 모든 소리가 뇌로 전달되어 인식되는 것은 아니다. 길을 걸으며 매일 보는 나무도 내가 주의를 기울일 때 비로소 내 눈에 보이고, 그 나무를 우리가 알아차릴 때 비로소 지각이 일어나는 것이다.

그렇다면 우리는 무엇에 주의를 기울이게 될까? 우리는 심적으로 흥미를 느끼는 것에 주의를 기울이게 된다. 흥미를 가진다는 것은 어떤 것에 주의를 기울이고 지속적으로 몰두하며 마음이 사로잡혀 있는 것이다. 흥미를 강조한 듀이(Dewey, 2010)는 관심 없는 활동을 계속 하다 보면 실제 에너지는 다른 곳으로 흘러가고, 결국 에너지는 분산되어 몰입에 이르지 못한다고 강조한다. 즉, 우리는 흥미 있는 것을 할 때 자신의 삶의 관람자가 아닌 적극적인 참여자가 되어 몰입할 수 있는 것이다.

이와 같이 주의 기울임은 외적 행동만이 아니라 심적으로 몰입하는 것으로서, 영유아는 심적으로 흥미를 느끼는 것일 때 주의를 기울인다.

(3) 알아차림

알아차림은 감각기관을 통해 인식하는 지각(知覺, perception)을 말한다. 흥미를 가지고 주의를 기울임으로써 선택된 감각 정보는 과거 경험을 바탕으로 재조직되어 처리된다. 정보 사이의 관계를 성립시키거나 과거의 경험에 비추어 어떤 해석을 하거나 의미를 부여하는 등의 심리적 과정을 거치게 되는데, 이 과정을 '지각'이라고 한다(정원식, 2010). 사람들은 실제 삶 속에서 늘 무언가를 보고 듣고 만지는 등 감각을 통한 지각 경험을 통해 세상과 소통한다. 감각과 지각은 동시에 이루어지지만, 감각으로부터 지각에 이르기까지 일정한 흐름을 볼 수 있다.

감각기관을 통해 뇌로 들어온 정보는 각 감각 영역에서 일차적으로 분석된다. 강아지의 형태와 색은 시각 영역에서, 강아지가 짖는 소리는 청각 영역에서, 강아지의 촉감은 체감각 영역에서 각각 분석된다. 감각별로 분석된 정보는 시각, 청각, 체감각자극이 종합되는 다중감각연합 영역으로 전해져 하나의 대상에 대한 모든 감각이 모인다. 그래서 사물을 완전하게 인식하게 된다. 다중감각연합 영역에 모인 정보는 다시 전전두엽으로 이동하여 과거 경험에 의해 저장된 기억을 불러와 현재의 정보가 무엇인지를 인식한다(이원택, 박경아, 2008).

만약 과거 경험에 없는 새로운 자극이 들어오면 해마를 포함한 파페츠 회로를 거쳐 새로운 기억회로에 들어가고, 과거 경험 중 중요했던 자극은 편도체로 들어가 감정을 동반하여 지각하게 된다. 기억을 생성하는 해마와 감정 · 느낌을 만드는 편도체는 서로 연결되어 있기 때문에 모든 인지처리 과정은 본질적으로 감정에 물들게 된다. 우리가 의사결정을 해야 하는 상황을 생각해 보면 이를 쉽게 이해할 수 있다. 정상적인 의사결정 절차는 다음의 두 가지 경로가 상호 보완하며 이루어진다. 한 경로는 상황 자체, 선택 가능한 행동, 그 행동이 가져올 미래의 결과를 바탕으로 추론 전략을 세운다. 다른 경로는 이전의 유사한 상황에서의 정서적 경험을 끌어와 미래에 어떤 결과가 발생할지에 대해 주의를 기울이게 한다. 과거 유사한 상황에서 어떤 행동의 결과가 긍정적 정서를 느끼게 했다면, 문제해결 전략 중 과거에 선택했던 것과 유사한 선택에 주의를 기울이게 하여 그 문제에 대한 추론의 질을 강화하는 것이다. 이처럼 느낌은 합리적 사고를 방해하는 것이 아니라 합리적 사고의 기반이 된다(Damasio, 2007).

또한 다양한 상황에서 가지게 되는 정서는 윤리적 규칙과 법을 준수하는 사회적 행동의 결과를 촉진한다(Damasio, 2007). 예를 들어, 고통스러워하거나 어려움에 처해 있는 타인을 볼 때 촉발되는 동정이나 공감의 정서는 타인에게 위안을 주는 사회적 행동을 촉진한다. 타인과 협력할 때 느끼는 감사함과 의기양양, 자부심의 정서는 협력하려는 사회적 행동을 강화한다. 타인이 규범을 위반하면 발생하는 경멸이나 분노의 정서는 사회적 관습과 규칙을 실행하도록 이끈다. 풍부한 정서는 타인과 함께 교류하고 살아감에 있어서 긍정적 사회관계를 맺는 데 영향을 미치는 것이다.

이와 같이 알아차림은 주의를 기울여 선택된 감각 정보를 해석하거나 의미를 부여하는 심리적 과정으로서 인지와 감성의 조화를 통해 이루어진다.

지금까지 감각과 주의, 지각 과정을 통해 인지·감성 조화의 의미 해석 과정을 살펴보았다. 영유아는 오감을 통한 감각 경험을 통해 세상과 만난다. 이때 하나의 감각에만 집중하기보다는 오감을 통해 경험할 때 보다 다양한 정보를 접하게 되고, 보다 풍부한 감성을 느끼게 된다. 감각을 통해 들어온 정보는 무수히 많기 때문에 영유아는 심적으로 흥미를 느끼거나 관심 있는 것에 주의를 기울여 선택하는 과정을 거친다. 관심을 기울이는 '주의'를 시작으로 그 일에 모든 힘을 쏟아붓는 '집중'을 거쳐 다른 일에도 관심이 없을 정도로 그 안에 푹 빠져드는 '몰입' 상태에 들어가면서, 영유아는 주어진 자극에 대한 의미 있고 창의적인 해석을 하게 된다(김정운, 2005). 의미 해석 과정이 입력된 감각 정보를 조합하면서 해석하는 과정이라고 할 때, 영유아는 지금 받아들인 정보를 조합하고 해석하기 위한 기억 정보를 필요로 한다. 그런데 감정과 기억은 거의 비슷한 뇌 영역에서 생성되기 때문에 서로 강화해 주고, 어떤 감정은 기억 인출에 도움을 주기도 한다. 강한 정서를 느꼈던 경험이 더 오래 기억되는 것처럼, 감성이 풍부한 사람이 기억력도 탁월한 것이다. 이에 문화문해교육에서 교사는 영유아가 오감을 통한 풍부한 감각 경험, 주의를 기울여 몰입하는 경험, 풍부하게 알고 느낌으로써 마음의 울림의 경험을 할 수 있도록 지원해야 한다.

3) 이야기하기

(1) 이야기의 정의 및 중요성

'이야기'는 무엇인가? 이야기를 정의하라고 하면 쉽게 대답하기 어렵지만, 일상

생활에서 누구든지 쉽게 이야기를 하고 있다는 것을 알 수 있다. 예를 들어, '나의 이야기' '가족과 이웃의 이야기' '그림책 이야기' '영화 이야기' '사랑 이야기' '꿈 이야기' '오늘 하루 지낸 이야기' '옛이야기' 등 이야기의 종류는 이루 헤아릴 수 없이 많다. 단 하루라도 이야기라는 단어를 언급하지 않고 지내는 날이 없을 정도이다. 즉, 우리의 하루 일과는 각양각색의 수많은 이야기로 가득 차 있다. 그러니 우리는 매일 이야기 속에서 살아간다고 해도 과언이 아니다. 따라서 이야기는 우리의 삶과 뗄 수 없는 삶 그 자체라고 할 수 있다.

이야기는 인류 역사상 모든 시대와 장소 그리고 전 문화를 초월하여 존재해 왔다. 그 어디건 인간이 있는 곳에는 이야기가 있기 마련이다. 오랜 옛날부터 우리는 어린 시절에 엄마나 할머니가 불러 주는 전래 자장가를 들으며 잠을 청하거나, 재미있는 옛이야기를 듣고 이야기책을 읽어 주는 것을 들으면서 자라 왔다. 또래들과 옹기종기 둘러앉아 이야기 할머니에게서 듣는 옛이야기는 언제 들어도 재미있다. 세계 각국에는 다양한 옛이야기가 전해 내려오고 있다. 고대 그리스에서 전해 내려오는 이솝우화를 비롯하여 아랍 문화권의 신비한 아라비안나이트, 우리나라의 전래동화 등이 그것이다. 이러한 이야기들은 인간의 욕심과 어리석음을 드러내기도 하고, 그것을 통해 삶의 지혜를 전하기도 한다. 우리는 내가 살고 있는 나라에 대해, 삶 속에서 만나는 사람에 대해, 우리가 살고 있는 세상의 구조에 대해 추상적이고 이론적인 설명보다 구체적인 이야기를 통해 훨씬 더 잘 이해할 수 있다. 그래서 대부분의 국가들마다 건국 신화나 위대한 영웅 이야기가 있다. 이러한 이야기들은 일정한 지역에 모여 사는 사람들이 오랜 세월을 거치며 자신들만의 독특한 정체성을 가지게 됨으로써 생겨난 것이다. 그리고 그 사회를 살아가는 사람들은 이 이야기들을 듣고 이해하면서 세상에 질서를 부여하고, 세상을 좀 더 구체적인 방식으로 이해하게 된다. 결국 인간은 자신의 삶을 좀 더 잘 이해하기 위해서 '이야기'라는 도구를 이용해 정의를 내리고 질서를 잡고 역사를 만들어 가게 되는 것이다.

이와 같이 언어를 사용하게 된 이래로 인간들은 수많은 이야기로 소통하며 정보와 지식을 쌓을 수 있었고, 특징 있는 사회와 문화를 만들어 나갔다. 그리고 그것은 곧 역사가 되었다. 이처럼 오늘날까지 인간 생활 깊숙한 곳에 자리 잡고 인류 역사와 함께하면서 사람의 마음을 움직여 온 이야기를 '제3의 감성'이라 부른다(Pink, 2012). 인류 역사와 함께해 온 이야기의 가치는 정보·감성 사회에 와서도 더욱 강조된다. 이를 나타내면 [그림 3-12]와 같다.

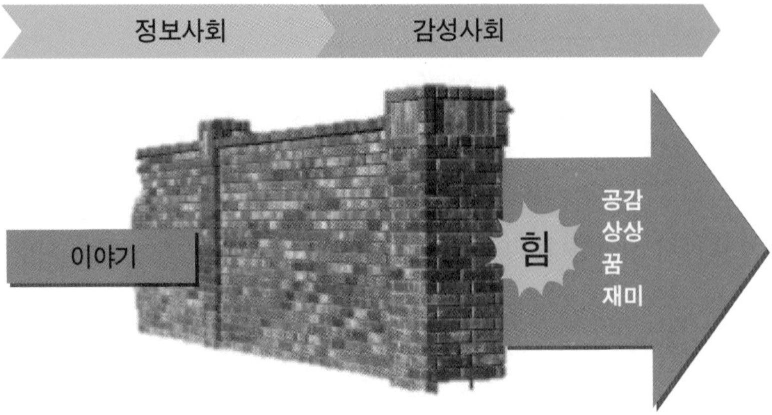

[그림 3-12] 이야기의 힘

[그림 3-12]에서 보는 바와 같이, 이야기를 들으면 우리는 등장인물이 겪는 경험이 마치 나의 일처럼 느껴지고 공감한다. 보이지 않는 이야기를 상상하고 꿈을 꾼다. 그리고 무엇보다도 이야기는 재미있다. 그래서 사람의 마음을 움직이는 힘을 발휘한다. 디지털 커뮤니케이션 시대에 이야기의 특징을 정리해 보면 다음과 같다.

◆ 이야기는 인간이 세계를 인식하는 근본적인 방식이다

우리가 살아가는 데는 수많은 지식과 정보가 필요하다. 복잡한 현대 사회에서 전문화된 지식과 정보는 지속적으로 늘어나고 있으며, 대부분 분절적이고 추상적으로 우리에게 다가온다. 이러한 지식과 정보는 개개인의 삶의 맥락 속에서 조화롭게 융합되어야 수용도가 높아질 수 있으며, 이것을 가능하게 하는 것이 바로 이야기이다. 이야기에는 지식과 정보, 경험, 사고 등이 정리되어 있어서 기억하기 쉽고, 삶을 통합적으로 이해하는 통찰력을 제공해 준다. 특히 이야기를 통해 느낀 공감과 재미는 우리 뇌의 편도체에 정서기억으로 저장되어 오랫동안 강렬하게 기억에 남는다(Gluck, Myers, & Mercado, 2011). 이처럼 인간은 이야기를 통해 세계를 이해하고 인식하여 왔으며, 이는 새로운 문화 창조의 기반이 되어 왔다.

◆ 문화예술로 만들어진 이야기는 전자영상기기를 포함한 다양한 매체로 표현된다

인류 역사와 함께 시작된 이야기는 말과 글, 그림, 소리, 움직임 등과 같은 다양

한 상징 요소가 조합된 문학, 음악, 미술, 무용, 연극, 영화 등 문화예술에 담겨 있다. 이야기를 담은 문화예술은 다양한 매체로 표현되고 있으며, 특히 전자영상기기는 최첨단 영상으로 현실세계와 가상세계를 넘나들며 이야기를 더욱 생동감 있고 감성적으로 표현한다. 이러한 경험은 사람들에게 또 다른 상상의 눈을 열어 주었으며, 마음을 움직이고 새로운 꿈을 가지게 하는 계기가 되고 있다.

◆ 이야기의 시작은 있으나 끝이 없다

현실세계에서 인간의 삶은 끝이 없이 이어진다. 그러나 이야기는 언제나 시작과 끝이 있다고 여겨졌다. 왜냐하면, 끝없는 인간사를 반영한 이야기는 특정한 상황과 맥락 속에서 치밀한 필연성으로 시작되고 끝을 맺기 때문이다. 그래서 항상 이야기가 담겨 있는 모든 책에는 첫 장과 마지막 장이 있다. 그러나 전자영상매체의 등장으로 화자와 청자 간 동시적 상호작용이 가능해지면서 이제 이야기는 끝없이 이어진다. 컴퓨터 게임만 하더라도 한 번 시작된 이야기는 각자의 취향이나 능력에 따라 달라지며 계속된다. 따라서 감성사회는 끊임없이 자신만의 이야기를 만들어 나가는 '이야기 시대'라 해도 과언이 아니다.

◆ 이야기하기(storytelling)는 곧 놀이이다

디지털 커뮤니케이션 시대의 이야기는 '이야기'라는 과거의 속성과 일방적인 특성을 지닌 방식보다는 '이야기하기'라는 현재성과 상호작용성이 중요한 요소로 작용한다. 따라서 '지금 현재 내가 참여하여 만드는 이야기'가 중심이 되며, 이것은 곧 놀이이다. 결국 놀이는 상호작용성을 지닌 이야기인 것이다. 따라서 이야기는 놀이가 갖는 재미 요소를 함께 가지고 있다. 놀이의 재미는 누구에게나 친숙하고 살아가는 데 매우 중요한 것으로 수많은 사람을 이야기 속으로 끌어들이는 요소가 되고 있다(Huizinga, 2010). 이야기를 즐기는 동안 사람들은 시간 가는 줄 모르고 스스로를 등장인물과 동일시하며, 생생한 느낌으로 이야기에 몰입하게 된다.

◆ 상상의 이야기는 곧 미래의 현실이 된다

상상력을 이용한 산업은 곧 국가의 경제력으로 직결된다. 사람들은 오랫동안 현실에서 이루지 못한 이야기를 상상하며 살아왔다. '저 멀리 우주로 날아갈 수 있다면?' '달 속에 정말 토끼가 살고 있을까?' '만능 로봇이 나의 친구라면?' '하늘을 나는 자동차가 있다면?' '투명 망토를 입고 숨을 수 있다면?' '과거와 미래를 오갈 수 있다면?' 등과 같은 꿈을 꾸고, 판타지 영화나 게임 속 이야기에서 이러한 상상을 재현하고 놀이로 즐겼다. 그러나 얼마 지나지 않아 발달된 과학기술로 허무맹랑했던 상상의 이야기를 현실로 실현시키고 있다. 그리고 사람들은 알지 못하는 미지의 세계를 꿈꾸며 더 많은 상상을 이야기 속에서 즐기고 있다. 판타지 문학, 드라마, 음악, 영화, 온라인 게임, 웹툰 등 문화산업과 우주 엘리베이터, 하늘을 나는 자동차, 인공지능을 가진 로봇 등의 과학 산업이 급속히 성장하면서 상상력과 창의력이 창출하고 있는 부의 가치는 실로 어마어마하다.

(2) 일상의 이야기하기

영유아는 문화예술작품에 나타난 상징의 의미를 문해하는 행위를 할 때 자신의 일상 경험을 이야기한다. 이를 경험 이야기하기, 관점 있는 이야기하기, 의미 있는 이야기하기, 이야기로 소통하기로 설명하고자 한다.

① 경험 이야기하기

영유아는 상대방이 있다고 가정하면서 자신의 이야기를 하게 되는 가상적인 내러티브를 한다. 이야기를 하면서 자연스럽게 자신의 경험을 참조하게 된다. 또한 어떤 아이는 블록과 인형으로 자신의 일상생활 경험을 반영한 이야기를 표현해 놓는 경우도 있다. 이러한 사례는 영유아들이 생활하는 장소에서 쉽게 볼 수 있는 내러티브이다. 국립국어원(2014b)의 표준국어대사전에 이야기는 '자신이 경험한 지난 일이나 마음속에 있는 생각을 남에게 일러 주는 말' '어떤 사실에 관하여, 또는 있지 않은 일을 사실처럼 꾸며 재미있게 하는 말'이라고 제시되어 있다. 여기에서 이야기는 자신의 경험이나 생각을 남에게 말하기, 사실이나 허구를 재미있게 말하기로 요약될 수 있다. 이야기의 내용은 자신의 경험이나 생각, 사실이나 허구이며, 방식은 남에게 일러 주거나 꾸며 재미있게 말하는 것이다.

인간은 이야기하는 존재이다. 자신의 이야기를 말하기 원하고 다른 사람의 이야기를 듣고 싶어 하면서 언제나 이야기 속에서 생활하고 있다. 이를 볼 때, 이야기하기는 인간의 본성적인 욕구이자 인간의 사회생활과 밀접한 관련이 있는 것 같다. 이야기를 하다 보면 의식적으로나 무의식적으로 자신이 알고 있는 것을 말하게 된다. 우리의 삶은 자신의 경험이나 생각을 다른 사람들과 주고받는 이야기로 가득하다. 이야기는 경험을 이해하고 표현하는 수단이다.

② 관점 있는 이야기하기

어린아이들은 벽에 걸린 그림을 보면서 바닷속 이야기를 상상할 수도 있다. 개인의 사전 경험에 근거한 이야기를 할 수 있다. 이야기를 한다는 것은 개인의 관점에서 주변 세계를 바라보고 창의적으로 목소리를 내는 것이다. 어린아이들이 일상적으로 하는 이야기 속에는 각자의 관점이 담겨 있다. 개인의 경험에 근거한 이야기하기 속에 곧 개인의 관점이 숨어 있고, 결국 관점은 개인의 의미 구성을 결정짓게 된다. 예를 들어, 여기에 사과가 하나 있다고 하자. 그 사과를 보고 농부는 과수원의 사과나무를 무럭무럭 잘 키우는 방법을 떠올릴 것이다. 하지만 화가라면 사과를 그림으로 표현하는 방법을 찾을 것이고, 작곡가는 사과를 잘 표현하는 노래를 짓느라 고심하게 될 것이다. 한편, 과일가게 주인은 사과를 보고 먹음직스럽게 보이게 만드는 진열과 포장 방법을 생각하게 될 것이다. 또한 의사는 사과가 우리 몸에 좋은 이유를 환자에게 설명하고자 할 것이다. 이와 같이 똑같은 사과라도 개인의 관점에 따라 의미 구성은 달라진다. 세상의 모든 일은 나와 관련지을 때 의미가 있게 된다.

③ 의미 있는 이야기하기

영유아교육현장에서 영유아가 언어영역에서 그림책을 보면서 공룡 그림이 나오면 동물 모형을 연결하고, 자신의 생활 경험과 연결되는 의미를 부여하여 이야기를 하는 모습을 볼 수 있다. 남자아이들이 인형을 침대에 눕히고 청진기를 대 보는 역할놀이를 하면서 자신들의 병원 경험을 재해석하며 이야기를 하는 경우도 있다. 이러한 장면들을 볼 때, 사람들은 가지고 있는 욕구를 기반으로 하여 원하고 소원하는 것, 그리운 것, 보고 싶은 것, 먹고 싶은 것, 두려운 것에 대한 우리의 생각이 이야기를 자연스럽게 만들게 되어 있다는 것을 알게 된다. 그러한 일차적 이야기는 문학적 서사가 가미되어 듣는 사람의 공감과 이해를 효과적으로 이끌어 내게 된다. 이러한 삶의 요구들을 반영하는 '인간적' 세계의 이해를 추구하며 인간의 내면세계를 지향한다. 내러티브 사고는 '해석'을 지향하고, 해석이 추구하는 것은 이해이다. 이해는 의미파악을 중시하는데, 의미는 다수로 존재한다. 학습에 있어서 학습자는 텍스트를 주어진 대로 읽는 것이 아니라 나름대로 해석하며 재구성하며 읽는다. 이러한 이해와 재해석의 과정을 통하여 학습자들은 새로운 의미를 만들어 낸다. 인간은 내러티브 속에서 의미를 구성하며 살아간다. 김춘수의 「꽃」이라는 시에서는 인간 세상에서 하나의 몸짓에 불과하던 대상이 의미 부여를 통해 상호 특별한 의미가 될 수 있다는 것으로 이해된다. 즉, 나와 관련짓는 의미화가 이루어질 때 비로소 세상은 존재하고 의미가 있게 될 것이다. 학습은 학습자 자신의 발견을 통해 새롭게 의미를 구성하고 지식을 구조화해 나가는 과정으로서, 새로운 발견과 의미 구성에 필요한 것들을 사회적 상호작용을 통하여 학습해 나가는 것이다.

④ 이야기로 소통하기

요즘 스토리텔링이라는 말이 자주 회자되고 있음에 주목해 볼 수 있다. 스토리텔링(storytelling)은 종종 즉흥 또는 꾸밈에 의해, 즉 말, 이미지로 사건을 전달하는 것이다. 이야기 또는 내러티브는 오락, 교육, 문화 보존, 그리고 도덕적 가치를 심어 주는 수단으로 모든 문화에서 공유되고 있다. 스토리와 스토리텔링의 결정적 요소는 플롯, 등장인물, 내러티브 관점을 포함한다(Wikipedia, 2014). 스토리텔링은 상대방에게 알리고자 하는 바를 재미있고 생생한 이야기로 설득력 있게 전달하는 행위이다(한국문학비평가협회, 2006). 문화예술 또는 기업 활동 분야에서 내러티브가 활발해짐에 따라 나타난 개념인 스토리텔링은 이야기, 이야기하기라는 내러티브의 의미에 더하여 상호작용성의 특징을 가진 의사소통의 의미가 강조된다.

여기서 이야기란 일차적으로 의사소통을 전제로 한 서사 담론의 모든 형태라고 할 수 있다(한용환, 1999). 이야기는 의사소통을 위하여 '무엇을 말(표현)하려 하는가' 하는 의미 이해와 함께 '의사 전달의 내용이 어떤 방식을 통해서 이해되는가' 하는 매체 방식의 이해 두 가지를 포함한다. 일반적으로 이야기는 등장인물과 사건 그리고 사건이 펼쳐지게 되는 배경이 한데 어우러져 구성된다. 또한 이러한 이야기들이 단지 말이나 글로만 전해지지 않고 그것에 어울리는 이미지가 함께 제공되면 독자들에게 시각적 즐거움을 더해 주어 흥미롭게 이야기를 전달할 수 있다(최수경, 최윤정, 안소영, 2009).

이상과 같이 일상에서 이야기하기에 대하여 경험, 관점, 의미, 소통의 관점에서 생각해 보았다. 삶은 물리적인 현상의 인과관계를 설명하는 논리-과학적 사고만으로는 한계가 있으며, 시간적·공간적 사건으로 구성된 이야기 방식에 의해 사회문화적 맥락을 고려하여 심리적 마음을 구성함으로써 경험의 의미를 해석하는 내러티브 사고가 필요하다. 교육에서도 논리-과학적인 패러다임 사고뿐만 아니라 내러티브 사고를 통한 의미의 재창조와 상상력의 계발도 동시에 중요하게 다루어져야 한다. 논리-분석적 사고와 내러티브 사고의 조화는 창의적이고 문화예술적인 영유아교육과정 개발의 중요한 질적 요소이다(최윤정, 2014b). 문화문해교육은 이야기가 있는 문화예술 교육매체를 수단으로 하여 통합적이고 다양한 놀이와 활동으로 전개되는 과정에서 교육과정의 전 영역, 즉 예술경험, 신체운동건강, 의사소통, 자연탐구, 사회관계와 연계될 수 있다. 이야기를 위한 교사의 역할은 개별 영유아의 이야기에 귀를 기울이는 것으로부터 출발하여 개별 영유아와 진지하게 대화하고, 사물과 현상을 주의 깊게 관찰하도록 지원하고, 나의 이야기를 만들어 보고, 창의적으로 사고하고 행동하도록 도와주고, 영유아의 시야를 넓혀 줌으로써 나를 중심으로 너, 우리, 주변세계로 확대해 나갈 수 있다.

4. 일상의 의미발전 과정

영유아는 문화예술 교육매체에 나타난 상징의 의미와 가치를 문해하면서 다른 사람과 교류한다. 이를 통해 삶의 아름다움을 추구하고 일상생활의 의미와 가치를 느끼면서 성장·발전함으로써 행복한 삶의 목적을 실현해 나간다.

1) 삶의 아름다움 추구

정보·감성 사회에 들어서면서 현대인들은 의미 있는 삶에 대한 욕구가 더욱 커지고 있으며, 이것은 아름다움을 추구하는 인간의 욕구와 무관하지 않다. 심미적 감성은 단지 예술작품에만 머물지는 않는다. 우리는 어떤 기준으로 그것이 아름답다거나 아름답지 않다고 하는 것일까? '아름다움'이라는 것은 무엇일까? 인간이 아름다움을 표현하는 것이 고대 라스코(Lascaux)나 알타미라(Altamira) 동굴 벽화에서 처음 발견되었고, 어린아이부터 노년에 이르기까지 전 생애에 걸쳐 아름다움을 추구하고 탐구하며 살아간다. 러시아의 대문호 도스토옙스키(Dostoevskii)는 "아름다움이 세계를 구원한다."라고 하였고, 러시아의 패션 디자이너 자이체프(Zaitsev)도

“아름다움은 영원하다.”라고 의미를 부여하였다.

역사적인 시기와 장소에 따라 아름다움에 대한 관점은 [그림 3-13]과 같이 다르게 나타난다. 각기 다른 시기에 제작된 미의 여신인 비너스상의 모습을 보면 역사적으로 아름다움에 대한 관점이 변하고 있음을 알 수 있다(Eco, 2005).

신석기 시대의 비너스

고대 그리스의 비너스

[그림 3-13] 아름다움의 관점 변화

출처: 신석기 시대의 비너스(Wikipedia, 2017), 고대 그리스의 비너스(Wikipedia, 2017).

[그림 3-13]과 같이 다산과 풍요를 기원했던 신석기 시대 빌렌도르프의 비너스(Venus von Willendort) 상은 풍만한 여인의 모습으로 묘사되고 있다. 그러나 고대 그리스 시대의 비너스(Venus de Milo) 상은 완벽한 균형을 가진 여인의 모습을 묘사하고 있다. 밀로의 비너스 상은 몸의 무게 중심을 한쪽 다리에 둠으로써 인간의 신체를 가장 아름답게 드러내는 S자 곡선의 형태를 하고 있고, 상반신과 하반신이 정확히 0.382 대 0.618의 황금비율로 제작되었다. 이는 우리 인체를 가장 아름답게 느낄 수 있는 황금비율이다(전국미술교과모임, 문화연대, 2008). 그러나 지금 시대에는 사람마다 느끼는 것이 서로 다르기 때문에 고정불변의 절대적인 미의 기준에 별 의미를 부여하지 않기도 한다.

왜 고대 그리스인들은 가장 완벽한 신체 균형에 중점을 두었을까? 고대 그리스인들에게 아름다움이란 단지 눈의 즐거움을 위한 것이 아니라, 건전한 정신을 가지기 위한 수단이었기 때문이다. 그들은 육체가 정신을 따라간다고 생각하여 아름다운 육체에 건전한 정신이 깃든다고 생각하였다. 우리가 흔히 사용하는 "건강한 육체에 건전한 정신이 깃든다."라는 말은 육체와 정신은 결코 분리될 수 없다는 인간 삶의 기본 원칙을 드러낸 것이다. 최고 '미(美)'라는 아름다운 형식에 도덕관념인 '선(善)'이라는 내용을 담아낸 최상의 아름다움이란 인간으로서 살아가는 규범과 도덕을 추구하는 것임을 드러낸다. 또한 '미(美)'가 '선(善)'을 목적으로 하여 그 아름다움을 드러내는 것을 '진(眞)'으로 보았다(권용준, 2005). 참된 진리는 아름다우며, 아름다움은 선한 본성을 지니고 있기 때문에 미와 선과 진은 하나인 것이다. 이와 같이 미는 각 사회와 문화의 이상을 담고 있고, 보이지 않는 관념적인 선을 담고 있다. 아름다움은 단지 형식에 머무르는 것이 아니라 그 안에 내용을 담고 있기 때문에 그저 '예쁘다' 혹은 '멋지다'로 끝나지 않는다. 결국 이성과 감정을 종합적으로 고려할 때 아름다움에 대해 논할 수 있다.

아름다움을 대상으로 다루는 미학의 역사에 있어서, 고대 철학자들은 외부 실제 세상에 관심을 둔 데 반하여 흄(Hume), 칸트(Kant)와 같은 계몽주의 시대 철학자들은 인간의 마음에 관심을 두었다. 이들은 감각과 느낌이 아름다움과 관련되어 있다고 주장하였으며, 아름다움을 주제로 다루는 미학은 이러한 정감(sentiment)이론으로부터 시작되었다. 즉, '심미적'과 '미학'의 어원은 '지각하다'이며, 아름다움과 감각은 밀접하게 관련되어 있다. 대상의 속성으로서의 아름다움이나 외부에 존재하는 형이상학적 개념으로서의 아름다움을 거부하고 우리 마음속에 생생히 살아 있는 그 무엇을 아름답다고 여겼으며, 그것을 아름다움의 감정이라고 표현했던 것이다(Kant, 2014). 칸트의 철학 체계를 토대로 미학에 대해 연구한 실러(Schiller, 2015)는 예술작품에 등장하는 가상을 '아름다운 가상' 또는 '미적 가상'이라고 부르면서 예술을 현실과 분리하였고, 예술작품의 아름다움을 탐구하면서 예술을 자율성, 일상적 목적 없는 명랑한 것으로 파악하였다. 실러의 미학 이론은 비록 예술과 현실을 구분하고 있기는 하지만, 오늘날 문화예술이 지니고 있는 예술성의 본질이 아름다움과 그 의미에 있음을 이해하는 데 도움을 준다.

사람마다 느낌이 제각각 다르기 때문에 그 느낌을 공통적으로 규정하는 것은 불가능하다. 그러나 인간의 문화와 인지체계 그리고 이해체계가 발달함에 따라 '아름다움'의 이해와 표현방식은 각 시대와 문화에서 다르게 드러나면서도, 다른 한편으로는 어떤 공통된 흐름과 성격을 지니고 있는 것도 사실이다. 이런 점에서 아름다움을 체험하고 그 체험을 표현한다는 근본 성격은 인간의 공통된 특성이라 할 수 있다. 따라서 아름다움에 대한 이해와 표상에는 그것을 공유하는 사회와 문화 전체의 이상, 덕, 진리이해의 특성이 담겨 있다(신승환, 2008).

그렇다면 아름다움을 추구하는 일은 어떤 의미를 가진 것인가?

> 아름다움은 우리 내면에서 더 나은 삶, 더 자유로운 삶을 상상하게 해 주지요. 그런 관점에서 볼 때 우리는 아름다움을 추구하기 위한 노력을 해야 해요. 상상력을 이용해서 자기 내면에 대한 작업을 해야 한다는 말이에요. …… 아름다운 것은 그 가치를 순순히 드러내 보여 주지는 않아요. 아름다움은 반투명의 얇은 흰 베일과 비슷하다고 할 수 있어요. 그 베일을 벗겨 내는 일은 언제나 그럴 만한 가치가 있지요. …… 그건 하나의 탐험이에요. 철학은 개념에 대한 탐험이고 예술은 형식에 대한 탐험이죠. 그런데 이 탐험은 공짜 여행은 아니에요. 아름다움을 만나기 위해서는 노력을 기울여야 된다는 말이에요. 그렇지만 이 탐험과 더불어 삶은 의미를 부여받게 된답니다. 아름다움을 추구하지 않는 인생은 덜 아름다운 인생이 돼요. 아름다움을 추구하는 것은 인생을 더 아름답게 하는 것이고, 또 아름다움에 끌려 예술 세계로 빠져 들어가는 일은 자기 내면으로 들어가는 일이기도 해요. 즉, 아름다움은 작품과 만나는 것인 동시에 자기 자신과 만나는 일이죠. 그 만남은 노력 없이는 가능하지 않지만 그것은 신비할 정도로 심오한 만남이에요(Brugère, 2009: 59-64).

아름다움에 대해 서술한 브뤼제르(Brugère)의 글은 삶을 살아가면서 아름다움을 추구하는 일의 의미와 가치를 전해 주고 있다. 예술의 세계와 마찬가지로 일상의 삶에서 아름다움을 추구하는 일은 우리를 더 나은 삶으로, 더 자유로운 삶으로 이끌어 주고, 자신의 내면세계를 더 깊이 있게 탐구하는 기회가 된다. 인간은 고대 동굴 벽화에서 아름다움을 표현하였고, 어린아이부터 노년에 이르기까지 전 생애에 걸쳐 아름다움을 추구하고 탐구하며 살아간다. 이러한 사실을 통해서 심미적 감성을 향유하고자 하는 것은 인간의 보편적인 삶으로, 삶의 질을 높이고 인간다운 삶을 추구하는 것은 인간의 본성임을 알 수 있다.

실용주의 미학의 관점에서 듀이(Dewey, 2007)는 사람들이 건축물, 책, 그림, 조각상 등 예술작품을 실제적인 인간 경험과 거리가 있는 결과물로 인식하는 경향이 있다고 하였다. 그러나 듀이는 문화예술이 흔한 것으로부터 시작되어야 한다고 다음과 같이 지적하였다.

> 결과물로서 형식의 미적인 것을 이해하기 위해서는 주의 깊은 사람의 이목을 끌어, 보고 듣는 사람들에게 흥미를 불러일으키고 기쁨을 주는 사건이나 광경에서 시작해야 한다. 즉, 질주하는 소방차, 땅에 거대한 구멍을 파는 굴착기, 파리처럼 절벽을 기어오르는 사람, 높은 대들보 위에 앉아 작열하는 볼트를 주거니 받거니 하는 사람들에서 시작해야 한다는 것이다. 운동선수의 탄력 있는 우아함이 어떻게 관중의 마음을 사로잡을 수 있는지 아는 사람, 화초를 손질하는 주부의 기쁨이나 집 앞 텃밭을 돌보는 그녀 남편의 강렬한 흥미에 주목하는 사람, 불타는 장작더미를 들쑤시면서 삼킬 듯한 화염이나 무너지는 장작더미를 구경하는 사람의 열정을 주목하는 사람, 바로 이들이 인간 경험 속의 예술의 원천을 학습할 것이다(Dewey, 2007: 19-20).

2) 일상의 의미와 가치 추구

우리가 일상에서 감각을 통해 대상을 접할 때 그저 '예쁘다' '아름답다'가 아니라 자신의 경험과 느낌을 자유롭게 표현하면서 감동을 느끼는 것이다. 따라서 심미적 감성은 끊임없이 나의 경험과 내 주변의 사람들, 나의 일상을 돌아보게 한다. 그림을 보며 느껴지는 느낌과 비슷하거나 다른 나의 경험, 음악을 들으면 생각나는 사람, 음악을 들으면 떠오르는 장소 등을 연관 지으며 나를 알아간다. 느끼는 것은 다른 누군가가 느끼는 것이 아니라 언제나 내가 느끼는 것이다. 따라서 자신의 느낌과 생각에 집중하는 것은 자신을 알고 자신을 인식하도록 한다. 나는 무엇에 예민한지, 나는 무엇을 좋아하고 즐기는지, 나는 무엇에 더 감동하는지 등을 알게 된다. 또한 똑같은 대상도 나의 상황에 따라 다르게 다가올 때가 있다. 평소에는 그냥 듣기 좋은 소리라고 생각했던 음악도, 내가 놓인 상황과 처지에 따라 어느 순간에는 더욱더 마음을 울리는 때가 있다. 그것을 알아차릴 때 우리는 현재의 나의 상황과 나의 감정을 더 정확히 인식하게 된다.

사실 평범한 일상 자체는 직접적으로 미의 특성이 되지는 못한다. 그러나 듀이는 이러한 것들이 미적 경험의 힘과 조건이 되어서 예술작품의 원천이 될 수 있으며, 이에 대한 이해가 진정으로 미적 의미를 이해하는 것이라고 주장한다. 즉, '예술적(artistic)'은 예술을 창작하는 행위와 관련되고, '미적(esthetic)'이란 예술을 감상하고 인식하는 행위 및 향유와 관계된다. 이를 비유하여 "토양과 공기, 습도, 꽃의 기원인 씨앗의 상호작용에 대한 지식이 없어도 꽃을 향유하는 것은 가능하다. 그러나 이 상호작용을 참작하지 않고서 꽃을 이해하는 것은 불가능하다."(Dewey, 2007: 30-31)라고 설명하였다. 진정으로 예술을 이해하는 것은 단지 예술의 표면적인 형식을 느끼는 것에 그치지 않고 형식이 품고 있는 내면의 본질을 이해하는 것을 의미한다. 따라서 그가 생각한 예술은 일상생활과 따로 분리되지 않는 '하나의 경험(one experience)'으로서의 예술이다. 그리고 하나의 경험으로서의 예술의 본질과 의미를 이해하기 위해서는 세심한 관찰과 상상력이 필요하다고 강조하였다.

이처럼 듀이는 예술작품의 근원이 사람들의 삶의 경험으로부터 비롯된다고 하였다. 그래서 아름다움 역시 특별한 곳의 특별한 작품을 통해서가 아니라 일상의 삶과 경험을 통해 경험할 수 있다. 듀이와 마찬가지로 예술철학의 기초를 제공한 그린(Greene, 2011) 역시 예술의 일상성을 강조하였다. 그는 예술을 조각대 위에 놓인 예술품에 한정하기보다는 사람들의 삶으로 확장하여, 그동안 보지 못하고 듣지 못하고 느끼지 못했던 일상에 주목하여 아름다움을 느끼는 것이 중요하다고 하였다. 이에 대한 자신의 생각을 다음과 같이 설명하고 있다.

> 빛나는 붉은 스커트 아래 있는 무용가 다리의 순결함, 긴장을 생각해 보라. 도약하는 유연한 검은 몸과 악기, 플루트, 현악, 시냇물의 바람 소리를 생각해 보라. …… 〈브란덴브루크 협주곡(Brandenburgische Konzerte)〉, 한여름 밤의 꿈(A midsummer night's dream)〉, 피카소(Picasso)의 그림과 같은 작품은 현존하는 세상으로부터 선별된 것이다. 우리는 매일매일 그 작품이 형상화된, 채색화된, 소리 나는 세상을 움직이고 살아가지만 주의를 잘 기울이지 않는다(Greene, 2011: 11).

이와 같이 그린은 무심히 지나쳤던 일상과 예술을 연결하여 설명하였다. 무심했던 일상은 창조활동으로 예술에 녹아들고, 그 예술을 접한 사람들은 그동안 무심히 지나쳤던 일상에 주목하고 탐색하며 의미를 부여한다는 것이다. 그래서 예술작품을 통해 교사와 학생들이 미적 체험을 즐기고 상상력과 창의력을 자극할 수 있도록 심미적 교육방법론으로 교육할 것을 제안하였다. 그가 제안한 심미적 교육방법론은 다음과 같은 점에서 주목할 만하다. 첫째, 예술을 지각하고 인지하고 감동을 느끼는 미적 체험은 타인을 존중하고, 공감하고, 의견을 수용하고, 자신의 생각을 발전시키고, 세상을 주체적으로 바라보도록 도와준다. 둘째, 일상과 연관된 예술적 체험은 유기적으로 연계되어 있는 창의성과 인성을 함양하는 데 긍정적인 영향을 미친다. 셋째, 예술교육은 생생하고 구체적인 맥락에서 실행되어 즉각적으로 반응하고 참여할 수 있으며, 그 세계에 대한 주체적인 해석을 가능하게 한다. 따라서 예술교육을 실행하기 위해서는 맥락적 사고(contextual thinking)가 중요하다(Greene, 1988). 넷째, 예술은 항상 세상에 대해 그리고 나 자신의 경험에 대해 새로운 표현 방식을 추구하기 때문에 세상을 바라보는 새로운 지각 방식과 반응 양식을 경험할 수 있다. 이러한 예술경험은 상상력과 감수성을 길러 준다. 이처럼 심미적 예술 경험은 자신에 대한 이해, 창의성과 인성, 상상력과 감수성, 맥락적 사고를 발달시키고 세상을 향해 마음을 여는 기회가 된다. 아름다움을 느끼고 추구하는 것은 비단 예술품에 한정된 것이 아니다. 듀이나 그린의 주장처럼 예술은 일상과 연결되어 있으므로, 일상의 아름다움을 추구하는 일은 의미 있는 일이다.

자연스럽게 일상에서 추구하는 삶의 가치와 의미를 상징적으로 담아내고 있는 문화예술에 대한 관심이 높아졌다. 문화예술은 내용적인 측면에서 표현하는 사람의 생각과 감정, 가치 등 사고방식을 담고 있다. 이러한 사고방식을 이해하기 위하여 독자나 시청자는 상징형식을 구성하는 다양한 상징 요소, 즉 기호, 소리, 그림, 움직임, 음악, 색, 인물 등이 나타내는 의미를 찾아내고 해석해야 한다. 이를 통해 영유아는 가치 있는 삶의 행동 방식으로서의 문화를 경험하게 된다. 즉, 지식, 감정, 사고, 신념, 가치, 태도, 도덕 등 삶의 방식이다. 이를 인지와 감성으로 구분하여 예를 들면, 인지는 정보, 자료, 지식, 호기심, 독창, 변형, 다양, 상상, 융통, 유창, 맥락, 개선, 일반, 조화, 신뢰, 효율, 정교, 객관, 명확, 논리, 일관, 비판 등과 관련된다. 한편, 감성은 집중, 이완, 상상, 관계, 자감, 적응, 반응, 교류, 조화로 구성된다(장우현, 최윤정, 2018). 그 외에도 감성과 관련된 예로는 꿈, 열정, 재미, 감동, 즐거움, 희로애락, 정서, 아름다움, 안녕, 유연함, 위로, 공감, 관용, 연민, 양보, 친절, 헌신, 용서, 자비, 참회, 성장, 여유, 노력, 품위, 나눔, 봉사, 지혜, 용기, 사랑, 희망, 회복, 자유, 자연, 배려, 존중, 신의, 신뢰, 효, 우애, 우정, 동행, 협력, 행복 등이 있다.

이와 같이 문화예술은 영유아가 경험하기를 기대하는 가치를 담고 있으므로, 문화예술을 통해 영유아는 가치 있는 삶의 방식으로서의 문화를 경험하게 된다. 영화

〈비긴 어게인(Begin Again)〉(2013)에서 주인공 마크 러팔로(Mark Ruffalo)가 했던 말이 떠오른다. "음악이 왜 좋은 줄 아냐? 음악은 평범한 일상에도 의미를 부여하기 때문에 좋은 거야." 이는 자신이 좋아하는 음악을 통해 삶에 의미를 부여하는 행복한 삶을 살았고 그렇기에 우리에게 감동을 준 것이다. 결론적으로 문화예술을 오감각으로 지각하여 아름다움을 느끼고 그 안에 내포된 의미를 해석하고 표현하며 일상의 의미와 가치를 발견하고 향유하는 능력이 필요하다. 이는 문화를 창출하는 문화인으로 살아가는 것이다. 즉, 문화예술을 경험해 가는 과정에서 자신의 삶의 의미와 가치를 발견하고, 지속적으로 발전해 간다.

제4장

영유아 문화문해교육의 교수 · 학습 방법

영유아를 위한 가장 좋은 교육은 무엇일까? OECD(2004)에서는 질 높은 유아교육과 보육 프로그램의 공통적인 성공 요인은 영유아에게 좋은 삶의 출발을 제공해 주고, 인지와 감성 능력을 모두 중요하게 다루면서 영유아에게 최적의 학습 과정을 지원하는 것이라고 하였다. 이 최적의 학습과정은 영유아의 사고와 학습 형태를 토대로 다음과 같이 제시된다.

- 영유아는 논리-분석적 사고와 연합적 사고의 조화를 통해 가장 잘 배운다.
- 유아교육과 보육의 모든 교육과정은 놀이와 학습, 그 관계를 다루어야 한다.
- 영유아의 학습은 의미 만들어 가기에 초점을 두어야 한다.
- 유아교육과 보육 프로그램은 개방적이고 영유아 주도적 경험을 제공해 주어야 한다.

영유아에게 최적의 학습을 지원하기 위한 교육방법을 논하기 위해서는 학습의 의미를 이해하는 것이 선행되어야 한다(최윤정, 2014b). 학습이란 교사가 계획하고 교사가 주도하여 교사에 의해 제공되는 지식이나 정보의 전달에 의한 결과가 아니다. 진정한 학습은 과정에 초점을 두고 영유아의 호기심과 열정을 깨우고 도전의식을 불러일으키며 지적 성장과 더불어 인격 발달도 포함하는 것이다(EBS 최고의 교수 제작팀, 2008). 이를 위해서는 가장 먼저 영유아의 특성, 흥미 등을 고려하여 영유아의 개인차를 이해하는 것에서 출발하여, 학습 주제 및 내용을 각 개별 영유아와 연관 지어 조절하면서 전인발달이 이루어지도록 해야 한다.

여기에서 '놀이'의 중요성이 대두된다. 놀이는 영유아의 흥미와 관심에서 시작되는 자발성과 주도성의 특징을 지니고 있다. 또한 놀이는 영유아의 발달을 위한 근접발달영역(Zone of Proximal Development: ZPD)을 창조하고 영유아가 사회적 상호작용을 통해 의미를 구성하도록 해 주며, 창의적 사고, 문제해결력 등을 포함한 인지, 사회, 정서적으로 통합된 발달을 이룰 수 있도록 한다(강현석, 황윤세, 2005). 이처럼 놀이는 영유아에게 즐거움을 제공하고 배움을 경험하게 하며 영유아의 생활을 보다 풍부하고 의미 있게 만들어 준다.

이에 문화문해교육 교수 · 학습 방법의 핵심은 '놀이'이다. 교육적 맥락에서 문화문해교육 교수 · 학습 방법인 놀이는 다음과 같은 특성을 지니고 있다.

첫째, 흥미를 드러내는 놀이이다. 영유아 삶의 주체는 바로 개별 영유아 자신이다. 무엇을 알아갈 것인지를 결정하는 것은 교사가 아니라 영유아 자신의 목적과 기대에 달려 있다. 교사가 계획한 활동이 나름대로 도움이 되기는 하지만, 영유아가 의미 있는 삶을 살 수 있도록 하기 위해서는 그 활동의 목적을 자신의 것으로 받아들일 수 있어야 한다. 이를 위해서는 영유아 각자의 흥미와 요구가 존중되어야 한다. 개별 영유아의 삶을 이해하고 지원하는 핵심 요소인 흥미는 영유아의 놀이를 통해 드러난다. 자유로운 분위기에서 자발적으로 즐기는 놀이는 영유아가 무슨 생각을 하고 무엇을 알고 무엇을 느끼며 무엇에 흥미와 관심을 보이는지를 그대로 드러낸다. 따라서 문화문해교육에서는 영유아의 놀이를 관찰하면서 영유아의 흥미와 관심사를 파악하고 지원하는 데 중점을 둔다.

둘째, 학습을 일으키는 놀이이다. 영유아는 가만히 앉아서 교사가 전하는 내용을 듣는 것으로는 거의 학습하지 않는다(Bottini & Grossman, 2005). 재미와 즐거움을 느끼며 스스로 하고자 하는 내적 동기를 가지고 있을 때, 영유아는 주의를 기울이고 집중하며 몰입한다. 칙센트미하이(Csikszentmihalyi)는 몰입을 '플로우(flow)'라고 명명하며 그 중요성을 강조한 바 있다. 플로우란 사람들이 어떤 일에도 관심이 없을 정도로 지금 하고 있는 일에 푹 빠져 있는 상태, 자신의 주의가 목표에 집중되면서 느끼는 것과 바라는 것 그리고 생각하는 것이 한데 어우러진 의식의 질서 상태, 마치 하늘을 자유롭게 날아다니는 느낌, 물이 흐르는 것처럼 편안한 느낌의 상태이다. 그 결과 창의력이 증진되고 절정의 성과와 재능이 개발되며 자긍심이 고취된다(Csikszentmihalyi, 2004). 교수 · 학습 방법으로서의 놀이를 적극적으로 제안한 듀이(Dewey)는 영유아의 놀이에 포함된 몰입의 특성을 다음과 같이 말한다.

> 놀이에도 목적이 있다. 그리고 그 목적은 다음에 따라오는 행동에 의미와 방향을 부여하는 아이디어의 형태를 띤다. 놀이를 하는 사람은 그냥 아무것이나(즉, 단순히 신체적 동작만을) 하는 것이 아니다. 그 사람은 무엇인가를 이룩하려고 하며, 여기에는 미래를 예견하고 그 예견에 따라 현재의 반응을 조정하려는 태도가 반드시 들어 있다. …… 진짜로 놀이를 하는 아이들의 모습을 지켜본 사람이라면 놀이에서 아이들이 얼마나 심각하게 몰두해 있는가를 알 것이다. 이러한 몰입의 태도는 이미 그것이 시시해져서 자극이 될 수 없는 상태에서는 생기지 않는다(Dewey, 2007b: 315-316).

이처럼 영유아의 놀이는 활동의 목적을 실현하기 위해 놀이 상황에서 자유롭게 관찰 · 탐색 · 실험하거나 의미를 변형시키면서 인지적 과정을 획득해 가는 맥락이다. 또한 놀이를 하는 영유아는 제각기 자신의 능력과 요구, 흥미에 맞게 다양한 기술과 개념을 여러 방식으로 학습할 뿐 아니라 또래와의 협력관계를 통해서도 학습을 한다(곽정인, 강민정, 2009). 놀이는 영유아의 개별적 특성을 존중하면서도 함께 성장할 수 있는 기회를 제공하는 것이다. 이에 문화문해교육에서는 영유아가 흥미를 가지고 즐기는 놀이에서 새로운 가능성을 보면서 그들의 흥미와 관심이 더 깊은 관찰과 탐구, 상상으로 심화 · 확장되도록 개입하여 집단 안에서 서로 소통하고 협력하면서 영유아 각자가 의미 있는 학습을 이루도록 하는 데 중점을 둔다.

셋째, 일상과 연결되는 놀이이다. 영유아 교육 · 보육기관에서 놀이에 몰입한 영유아는 자신의 관심사를 일상과 연결하면서 그동안 무심히 지나쳤던 일상을 새로운 눈으로 바라본다. 또한 자신의 흥미와 관심사를 바탕으로 깊이 있게 관찰, 탐구, 상상, 표현하면서 이루어진 진정한 이해는 태도와 가치관의 형성과 실천을 수반하면서 자연스럽게 일상과 연결된다(강현석, 황윤세, 2005). 놀이가 지니고 있는 흥미, 자발성, 주도성, 몰입 등의 특성이 영유아로 하여금 스스로 자신들의 시간과 시간, 즉 어제와 오늘, 내일을 연결하고, 공간과 공간, 즉 기관과 가정, 지역사회를 연결하도록 하는 것이다. 또한 일상 속에서의 문화문해의 과정을 이해함으로써 자연스럽게 비판적 문해력을 습득 · 발전시키게 된다(강현주, 백현주, 김진경, 2011). 이에 문화문해교육에서는 영유아가 놀이를 하면서 가지게 된 관찰, 탐구, 상상, 표현 등의 성향을 현실과 연결하여 그동안 무심히 지나쳤던 일상을 새로운 렌즈로 바라보

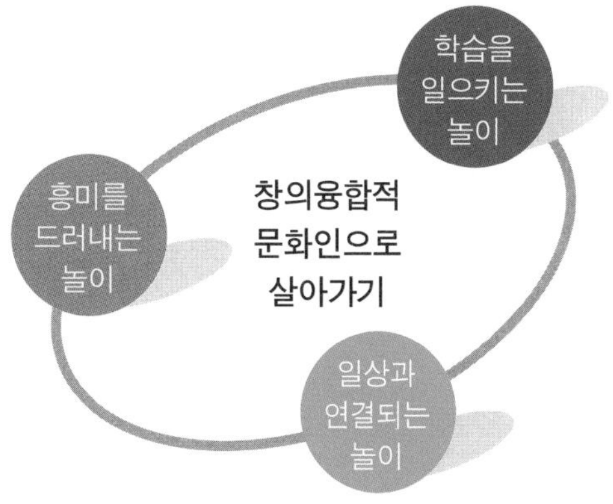

[그림 4-1] 문화문해교육 교수 · 학습 방법의 특성

며 의미를 부여하고 발전해 갈 수 있도록 하는 데 중점을 둔다.

이상과 같이 문화문해교육 교수・학습 방법의 특성을 정리하면 [그림 4-1]과 같다.

[그림 4-1]과 같이 문화문해교육 교수・학습 방법은 '창의융합적 문화인으로 살아가기'의 목적을 위해 흥미를 드러내는 놀이, 학습을 일으키는 놀이, 일상과 연결되는 놀이의 특성을 바탕으로 한다. 이러한 특성을 바탕으로 이제는 보다 구체적인 문화문해교육의 교수・학습 방법을 살펴보고자 한다.

1. 감상놀이

감상놀이는 문화예술 교육매체를 감상하면서 생각과 느낌을 자유롭게 표현하며 즐기는 과정이다. 문화예술 교육매체는 이미지, 소리, 움직임 등 다양한 상징 요소를 포함하고 있다. 따라서 영유아는 문화예술 교육매체를 감상할 때 다양한 감각기관을 통해 정보를 받아들이고 즐긴다. 눈으로는 인물이나 사물・배경의 형태와 색, 질감 등을 살피고, 귀로는 다양한 리듬과 멜로디, 셈여림과 빠르기 등을 경험한다.

영유아는 문화예술 교육매체를 감상하면서 갖게 된 생각과 느낌을 다양하게 표현하며 놀이를 즐긴다. 영유아의 다양한 놀이를 통해 문화예술 교육매체 속의 세상은 영유아가 살고 있는 지금 이 공간으로 옮겨지고, 영유아는 그 안에서 문화예술 교육매체의 인물이나 사물이 된다.

1) 자유롭게 만나기

- 문화예술은 다분히 감정과 관련이 있다. 그래서 음악이나 미술작품에 대한 평론에는 '감동적이었다, 추억에 젖게 했다. 가슴이 뭉클했다' 등의 감정이 적혀 있음을 보게 된다. 문화예술을 접할 때 우선 그 느낌이 중요한 것이다(김재은, 2014).
- 영유아 역시 상징 요소가 조화롭게 어울려 있는 문화예술 교육매체를 직접 보고 들으면서 다양한 감정을 느끼고, 그 느낌을 온몸으로 드러낸다. 미소를 짓기도 하고, 표정을 찡그리기도 하고, 위기의 순간에는 긴장하여 침묵을 지키다가 위기를 넘길 때는 "휴-" 하고 안도의 한숨을 내쉬기도 한다. 빠른 음악에서는 가볍게 몸을 움직이고, 느린 음악에서는 몸을 편안히 늘어뜨린다. 이처

럼 문화예술 교육매체의 첫 만남은 전체적인 느낌을 온몸으로 드러내면서 이루어진다.

- 모두 똑바로 정해진 자리에서 조용히 보고 듣는다면 느낌을 드러내기 어렵다. 때로는 소리 내어 웃을 수 있고, 친구와 이야기할 수도 있고, 리듬에 맞추어 몸을 흔들흔들할 수도 있으며, 익숙한 멜로디는 흥얼거리기도 한다.
- 원한다면 언제든지 문화예술 교육매체를 접한다. 그림책은 쉽게 꺼내 볼 수 있고, 애니메이션은 컴퓨터 화면이나 빔 프로젝트를 이용해 언제든지 보고 듣는다.

그림책 감상하는 방법

- 교실 곳곳에 숨겨 둔 그림 장면 복사본을 보물찾기처럼 찾으면서 장면에 관심을 가진다.
- 그림책을 읽기 전에 그림책 장면을 복사한 그림카드를 보며 이야기를 상상한다.
- 교실을 벗어나서 그림책의 내용과 어울리는 장소(마당 벤치나 잔디밭 등)에서 그림책을 읽는다.
- 누워서 듣기, 불 끄고 듣기, 눈 감고 듣기 등 편안한 분위기에서 그림은 보지 않고 이야기만 듣는다.
- 그림책을 하루에 모두 읽지 않고, 여러 날에 걸쳐 조금씩 다음 이야기를 상상하며 읽는다.
- 그림책의 그림을 흑백 장면으로 살펴본다.
- 교사 아닌 다른 사람들이 읽어 주는 이야기를 듣는다. 영유아끼리 그림책을 읽어 줄 수도 있다.
- 교사나 영유아가 이야기를 녹음하여 원할 때마다 듣는다.

[그림 4-2] 그림책 감상의 다양한 방법

애니메이션 감상하는 방법

- 화면을 보기 전에 먼저 음악만 반복해서 자유롭게 듣는다.
- 애니메이션을 감상하기 전에 주요 장면을 그림카드로 출력하여 이야기를 상상한다.
- 하루에 처음부터 끝까지 모두 보지 않고, 며칠에 걸쳐 다음 이야기를 상상하며 감상한다.
- 소리를 소거하고 시각 이미지만 보면서 소리를 상상한다.
- 빔 프로젝트를 이용하여 큰 화면으로 감상한다.

[그림 4-3] 애니메이션 감상의 다양한 방법

- 문화예술 교육매체를 어떻게 접하느냐에 따라 영유아가 주의를 기울이는 자극은 달라진다. 언제, 어디서, 누구와, 어떻게 접하느냐에 따라 지각하는 것이 달라진다.
- 같은 그림책도 그림만 볼 때와 이야기만 들을 때, 전체 스토리를 한번에 볼 때와 며칠에 걸쳐 조금씩 접할 때, 교실에서 볼 때와 바깥에서 볼 때, 혼자 볼 때와 함께 볼 때, 내가 읽을 때와 누군가 읽어 주는 것을 들을 때 지각하는 것이 달라진다.
- 같은 애니메이션도 소리 없이 화면만 볼 때와 화면 없이 소리만 들을 때, 이야기의 전체 스토리를 한번에 볼 때와 며칠에 걸쳐 조금씩 접할 때, 컬러 시각 이미지를 그대로 접할 때와 색을 빼고 흑백으로 접할 때 지각하는 것이 달라진다.

2) 이야기 인물 되기

- 문화예술 교육매체를 감상한 영유아들은 '마치 ~이 된 것처럼' 온몸으로 문화예술 교육매체 속 인물이나 사물이 되어 움직이고 말하며 놀이를 즐긴다.
- 영유아는 때로는 보자기 하나만으로도, 때로는 종이 몇 장만으로도 문화예술 교육매체에 등장하는 인물이나 사물이 된다. 영유아는 ~이 되어 보면서, ~처럼 생각하고 말하면서, ~처럼 움직이면서 문화예술 교육매체가 전하는 시각적, 청각적, 운동감각적 정보를 온몸으로 표현한다.
- 직접 그 대상이 되어 놀이를 즐기면서 문화예술 교육매체 속에 등장하는 그(그것)의 감각으로 세상을 느끼고, 그(그것)의 눈으로 세상을 보며, 그(그것)의 입장에서 생각한다. 이 과정에서 대상에 대한 지식을 쌓을 뿐 아니라 인물의 내면을 들여다보고 자연스럽게 감정이입을 경험함으로써 인지와 감성의 조화를 이룬다.
- 직접 그 대상이 되어 놀이를 즐기면서 대상에 대한 호기심을 가진다. 어떻게 움직이는지, 무엇을 좋아하고 무엇을 싫어하는지, 어디에서 사는지, 시간의 흐름에 따라 어떤 변화를 겪는지 등에 대해 더 알고 싶어진다. 그 대상이 되어 생각하고 말하고 움직이다 보면 그 대상에 대해 더 알고 싶다는 동기가 유발되고, 그렇게 알게 된 정보는 그 역할이 되어 움직이고 말하는 데 반영된다.

[그림 4-4] 문화예술 교육매체를 활용한 역할놀이

3) 이야기 공간 구성하기

- 문화예술 교육매체 속 인물이나 사물이 될 수 있는 놀이 공간을 만든다. 이야기가 인물, 사건, 배경으로 구성되어 있듯이, 이야기를 즐기는 영유아도 그 인물이 되어 몰입할 수 있는 배경, 즉 공간이 필요하다.
- 공간은 영유아가 탐구하고 상상하면서 하나하나 천천히 만들고 수정하고 다시 첨가하는 과정에서 구성된다. 공간을 구성해 가는 그 과정 자체도 즐거운 놀이이다.
- 영유아는 스스로 공간을 구성하고 즐기면서 흥미 영역의 놀이를 연결한다. 예를 들어, 개미가 되어 놀이할 때, 언어 영역에서 개미가 사는 집이나 개미 종류에 대한 책을 읽으면 미술 영역에서 책을 통해 알게 된 소품을 만든다. 그리고 역할놀이 영역과 쌓기놀이 영역에서 그 소품을 활용하여 개미집을 변형하고 새롭게 알게 된 개미의 역할을 표현한다.
- 놀이가 확장되면 공간 구성은 교실 안에서 복도, 복도에서 다른 교실, 더 나아가 현관까지 이어진다. 영유아들이 스스로 공간을 만들어 놀이하는 과정에서 분절된 공간은 자연스럽게 연결된다.

[그림 4-5] 문화예술 교육매체의 공간구성

교사의 지원:
문화예술 교육매체를 접하면서 드러나는 영유아의 흥미를 파악한다.

- 영유아가 자유롭게 문화예술 교육매체를 접하면서 무엇에 흥미와 관심을 나타내는지 관찰한다. 관찰은 영유아의 표정, 말, 행동 등에 집중하여 행동 이면에 정말로 흥미를 보이는 것이 무엇인지 정확하게 파악하는 것을 의미한다(Wortham, 2010).
- 교사는 영유아의 흥미를 찾기 위해 '내가 무엇을 할까?'를 생각하기 이전에 '영유아는 무엇을 원할까?'에 집중한다. 영유아의 흥미와 관심사를 찾기 위해 교사 스스로에게 던지는 질문 유형을 다음과 같이 바꿔 본다([그림 4-6] 참조).

교사가 할 것에 집중하기		영유아가 관심 있는 것에 집중하기
- 오늘은 무슨 활동을 하면 좋을까? - 더 재미있는 방법은 무엇일까? - 주제와 맞는 활동인가? - 환경구성은 어떻게 해 주어야 할까? - 활동에 적당한 교구는 무엇일까? - 다른 교사는 어떻게 하고 있을까? 등	⇨	- ○○는 지금 무슨 생각을 하고 있을까? - ○○는 왜 저런 행동을 보일까? - ○○는 지금 무엇을 원하고 있을까? - ○○가 더 알고 싶어 하는 것은 무엇일까? - ○○가 관심을 갖는 것은 무엇일까? - ○○는 교사인 내가 지금 어떻게 해 주기를 원할까? 등

[그림 4-6] 교사가 할 것에 집중하는 질문과 영유아의 관심에 집중하는 질문

교사의 지원:
영유아가 자유롭게 표현할 수 있는 시간과 공간을 제공한다.

- 영유아가 문화예술 교육매체를 감상하면서 느끼는 감정이나 생각을 마음껏 표현할 수 있는 자유로운 시간을 제공한다. 모두 모여 똑같은 방법으로 표현하는 것이 아니라, 영유아가 원하는 것을 원하는 방법으로 표현할 수 있도록 지원한다.
- 하루 중 몇 차례에 걸쳐, 혹은 하루 일과를 마치고 집으로 돌아가기 전에 놀던 흔적을 말끔히 치우는 정리 시간은 놀이가 이어지는 것을 방해한다. 늘 깨끗이 정리된 놀이 공간에서 영유아는 늘 새롭게 이야기를 시작해야 하고, 제한된 시간 속에서 이야기는 늘 제자리에 머물게 되기 때문이다(안소영, 최윤정, 2009).
- 교사는 교실 여건이 되는 범위 안에서 영유아가 놀이 중에 만든 놀잇감이나 놀이공간을 남겨 둠으로써 어제의 이야기가 오늘로 이어지고, 오늘의 이야기가 내일로 이어질 수 있도록 지원한다.

교사의 지원:
영유아와 함께 '마치 ~이 된 것처럼' 놀이를 즐긴다.

- 교사도 영유아와 함께 놀이를 즐긴다. 교사가 영유아의 놀이에 참여한다는 것은 영유

아의 이야기에 교사가 관심을 가지고 있다는 증거이고 영유아의 이야기를 교사가 함께 만들어 가겠다는 표현이기 때문에, 영유아는 자신의 이야기가 매력적이라는 자신감을 가지게 된다.

- 교사가 등장인물 중 한 역할이 되어 영유아와 함께 '마치 ~이 된 것처럼' 놀이를 즐길 때, 놀이는 더욱 활발해지고 교사와 영유아 간의 친밀감도 증가된다. 교사가 영유아의 놀이에 참여할 때 영유아는 문화예술 교육매체에 더욱 관심을 가지게 되고, 함께 만들어 가는 그 교실의 이야기는 더욱 풍성해진다.

2. 관찰탐구

관찰탐구는 오감으로 관찰하고 전체적인 맥락 안에서 상징의 의미를 해석하는 과정이다. 영유아는 문화예술 교육매체의 말 · 글, 이미지, 소리, 움직임 등의 상징 요소를 오감을 활용하여 주의 깊게 관찰하고 탐구하면서 그 안에 담긴 지식, 사고, 감정, 신념, 태도, 도덕, 가치 등의 생활양식을 읽어 간다.

문화예술 교육매체에 담긴 상징의 의미는 객관적인 답이 있는 것이 아니고, 한 번에 찾아낼 수 있는 것도 아니다. 문화예술 교육매체를 지속적으로 접하는 과정에서 처음에는 보이지 않던 것이 눈에 들어오고 처음에는 들리지 않던 것이 귀에 들려오면서 끊임없이 의미가 수정되고 추가된다. 또한 영유아가 어딘가를 가고, 무엇을 보고, 누군가를 만나 이야기를 나누는 일상에서의 경험을 통해 상징의 의미가 재해석되면서 새로운 의미가 추가되거나 기존 의미가 수정되기도 한다. 이처럼 문화예술 교육매체에 담긴 상징의 의미를 해석하는 관찰탐구 과정은 매우 역동적이다.

1) 오감으로 관찰하기

- 문화예술 교육매체를 감상놀이하면서 주의를 기울이는 상징 요소를 선정한다. 그림책과 애니메이션의 상징 요소는 〈표 4-1〉과 같다.

〈표 4-1〉 문화예술 교육매체의 상징 요소

문화예술 교육매체	상징 요소
그림책	• 문학: 언어(글)-자음과 모음, 음소, 음절, 형태소, 단어, 어휘, 구, 절, 문장 등 이야기(인물, 사건, 배경, 구성 등) • 미술: 시각 이미지(점, 선, 면, 형, 색, 질감, 공간, 여백 등)
애니메이션	• 문학: 언어(말)-자음과 모음, 음소, 음절, 형태소, 단어, 어휘, 구, 절, 문장 등 이야기(인물, 사건, 배경, 구성 등) • 미술: 시각 이미지(점, 선, 면, 형, 색, 질감, 공간, 여백 등) 3D 공간 이미지(깊이, 넓이, 원근 등) • 음악: 소리, 음, 리듬, 멜로디, 하모니, 셈여림, 템포 등 • 무용: 신체, 공간, 시간, 에너지, 흐름, 관계 등

- 관찰하고자 하는 상징 요소는 반드시 주인공이나 자주 등장하는 색, 리듬 등에만 한정되지 않는다. 아주 작고 미묘하여 잠시 스쳐 지나가는 대상이나 색, 리듬 등도 문화예술 교육매체에 담겨 있는 의미를 해석하는 데 중요한 요소가 된다.
- 단지 보이는 것을 수동적으로 보지 않고 모든 감각 정보를 활용하여 적극적이고 주의 깊게 관찰한다. '시각에 의존한 관찰'과 '오감을 활용한 관찰'의 차이를 비교하면 [그림 4-7]과 같다.
- [그림 4-7]과 같이 한 가지 감각에 의존하기보다는 오감을 활용하여 관찰할 때 대상이나 현상을 보다 다면적으로 탐색하고 평범한 일상을 주의 깊게 볼 수 있다.
- 오감을 활용한 관찰은 호기심을 해결하는 과정이면서 동시에 보다 심화·확장된 호기심을 만드는 과정이다. 궁금증을 해결하기 위해 하나의 대상을 여러 감각으로 관찰하게 되면 또 다른 질문이 생기고, 질문은 곧 탐구로 이어지면서 자발적 학습이 일어난다.
- 하나의 대상에 대해 어떤 영유아는 청각을 활용하는 것을 좋아하고, 어떤 영유아는 후각에 좀 더 민감할 수 있으므로, 서로의 경험을 공유하며 경험의 폭을 확장한다.

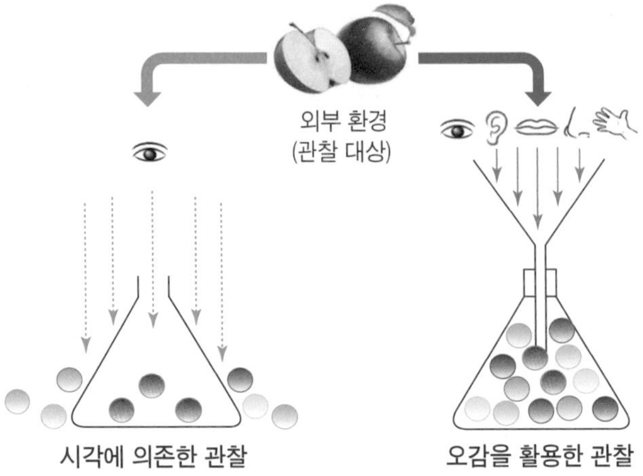

시각에 의한 관찰은 오로지 눈을 통해 얻을 수 있는 정보, 즉 사과의 색깔, 모양, 크기 등에 대한 정보만 습득할 수 있다.
반면, 오감을 통한 관찰은 미각, 후각, 촉각, 청각, 시각으로 얻을 수 있는 정보, 즉 색깔과 모양, 크기뿐만 아니라 사과의 맛과 향, 소리, 촉감에 관한 정보를 모두 얻을 수 있다.

[그림 4-7] 시각에 의존한 관찰과 오감을 활용한 관찰

바람은 주의를 기울이지 않으면 무심코 지나가는 자극이다. 그리고 주의를 기울인다고 해도 촉감으로 느끼는 정도이고, 이를 통해 '바람은 부드럽다, 차갑다' 등의 정보를 가지게 된다. 그러나 시각적 감각에 초점을 두고 바람을 관찰하면 바람의 모양, 바람의 움직임에 대해 생각하게 되고, 후각적 감각에 초점을 둔다면 바람의 냄새에 대해 탐색하게 된다.
"바람에서 냄새가 나요. 바람에서는 시원한 냄새, 숨 쉬는 냄새, 춤추는 냄새, 투명한 냄새가 나요."

[그림 4-8] 오감을 활용한 관찰

2) 전체 흐름 읽기

- 이야기의 전개 과정, 즉 사건이 어떻게 연결되고 결합되어 있으며 어떤 규칙을 가지고 있는지 등과 같이 전체적으로 파악하면서 의미를 해석한다.
- 문화예술 교육매체를 반복적으로 접하면서 이야기 줄거리를 파악하고 그 흐름을 조직하며 의미를 해석한다. 문화예술 교육매체의 흐름을 조직하고 도식화하는 방법은 [그림 4-9]와 같다.

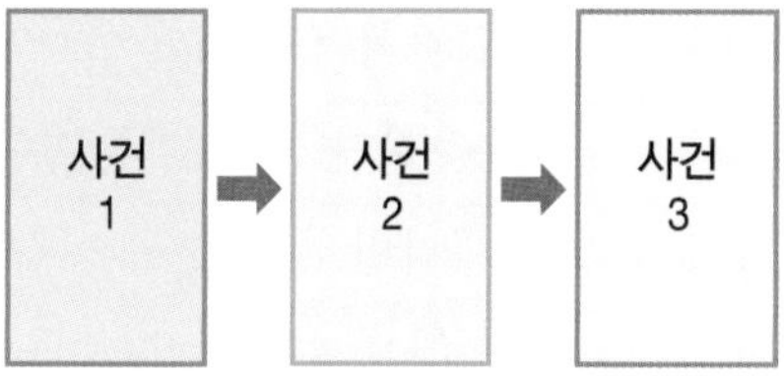

직선형

기-승-전-결의 단선적인 형태로 전개되는 이야기의 의미 이해를 위해 활용할 수 있는 방법이다. 이야기 흐름의 순서대로 사건을 나열하고, 그 흐름 속에서 문화예술 교육매체가 전하고자 하는 의미를 해석한다.

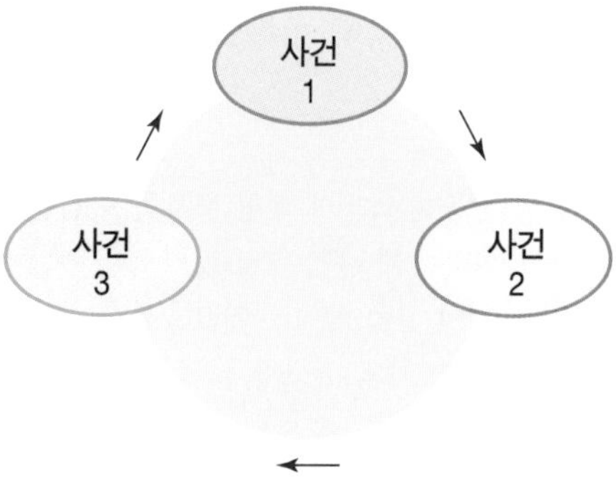

순환형

봄-여름-가을-겨울의 순서처럼 이야기의 내용이 순환되는 경우에 사용할 수 있다.

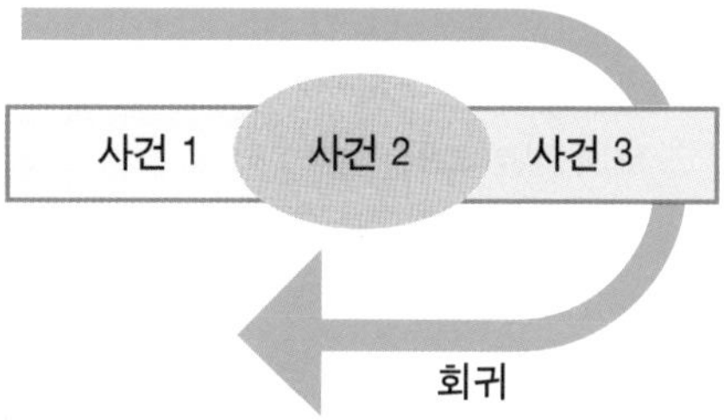

회귀형

판타지 이야기와 같이 현실과 상상의 세계를 넘나들면서 전개되는 이야기의 의미 해석을 위한 방법이다. 현실의 사건에서 출발하여 판타지 세계로 들어갔다가 다시 현실로 돌아오는 것과 같은 패턴의 이야기에 활용할 수 있다.

[그림 4-9] 문화예술 교육매체의 전체 흐름을 파악하며 의미를 해석하는 방법

• [그림 4-9]의 도식을 활용하여 영유아들의 작품이나 활동사진을 문화예술 교육매체의 전체 흐름에 따라 전시하면 문화예술 교육매체가 담고 있는 의미를 자연스럽게 해석할 수 있다.

3) 상징의 의미 파악하기

• 현미경을 들여다보듯이 작은 것에 집중하면서 왜 그 대상이, 왜 그 표정으로, 왜 그곳에 있는지, 왜 그 색이 사용되었는지, 왜 그 리듬이 나타나는지 등을 맥락 속에서 읽어 낸다.
• 작은 것에 집중하여 그 의미를 읽어 낼 때도 반드시 전체적인 맥락 안에서 해석해야 한다. 상징 요소는 맥락에 따라 그 의미가 달라질 수 있기 때문이다.
• 의문이 생기거나 관심을 가지게 된 상징 요소가 정해지면, 궁금증을 해결하고 보다 깊이 있는 탐구를 위해 관련 정보를 수집한다. 정보 수집은 실물을 관찰하는 방법 외에도 책이나 신문 같은 인쇄물, TV와 같은 미디어 매체, 인터넷, 관련 전문가, 박물관, 유적지, 지역사회 기관 등을 통해 이루어진다.

실물 관찰을 통해 낙엽에 대한 정보를 수집한다.
"여기 봐! 얼음 속에 낙엽이 있어."
"어떻게 낙엽이 얼음 속에 들어갔을까?"
"낙엽이 우리 손 같이 생겼어."
"가운데 줄이 보여."
"이게 물이 지나가는 길이야. 나뭇잎은 물을 먹으면서 자라거든."
"얼음 속에서도 물이 지나갈 수 있을까?"

[그림 4-10] 실물 관찰하며 정보 수집

• 수집한 정보를 일정한 기준에 의해 그 공통점과 차이점을 찾아내어 분류한다. 정보를 분류하면 그 속성이 드러나 핵심이나 본질을 찾기 쉬워진다. 분류하기 위해서는 일정한 준거가 필요한데, 한 가지 준거로 구분하거나 또는 복합적인 준거를 사용하여 분류할 수 있다.

• 수집한 정보를 서열화하거나 순서를 정리한다. 이러한 과정은 복잡한 실재에 질서를 부여하여 논리적인 사고의 기반이 된다.
• 수집한 정보를 그래프나 도표 또는 그림으로 정리한다. 시각적으로 정리하면 문제의 핵심이나 본질이 쉽게 드러나고 그 의미를 해석하는 것도 용이해진다.

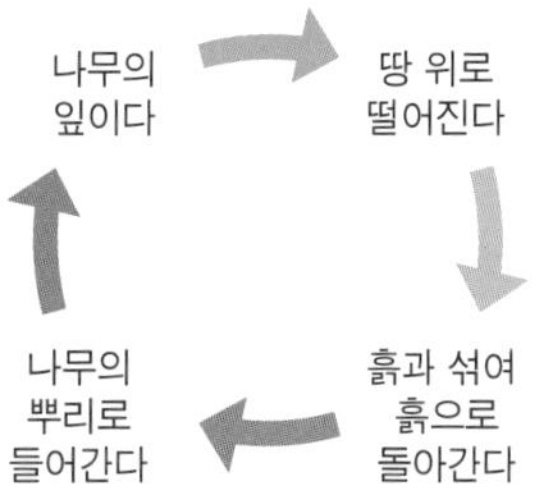

〈나뭇잎의 변화〉

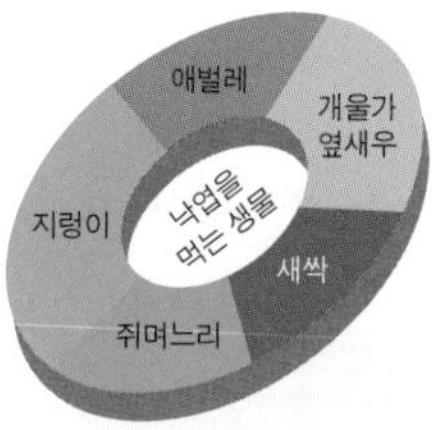

〈낙엽을 먹는 생물〉

〈색과 느낌의 변화〉

실물이나 관련 서적, 전문가의 도움으로 수집한 낙엽의 색, 모양, 질감, 소리, 크기, 무게, 생명력, 변화 등에 대한 정보를 분석한다.

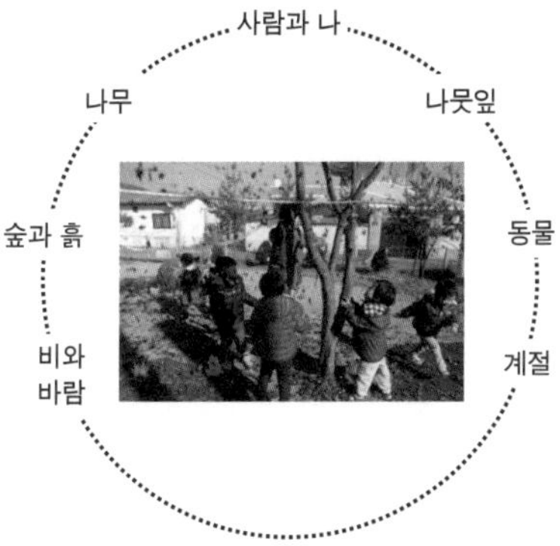

비와 바람, 숲과 흙, 나무, 사람, 나뭇잎, 동물, 계절 등 문화예술 교육매체의 배경 및 등장인물과 관계 지어 맥락 안에서 탐구한다.

[그림 4-11] 정보분석 및 해석

• 하나의 대상이나 현상을 그와 유사한 대상이나 현상, 혹은 정반대되는 대상이나 현상과 비교하여 유사점과 차이점 등을 찾으면서 의미를 해석한다.
• 문화예술 교육매체 속에 등장하는 소재, 예를 들어 사물이나 동물, 색 또는 시

간 등이 동일하게 등장하는 문화예술작품을 찾아 서로 비교한다.

소재 비교의 예

- 『선녀와 나무꾼』과 『해리 포터』, 산타할아버지와 함께 다니는 사슴을 비교해 보면, 세 이야기 속에 등장하는 사슴은 모두 '도와주고 보호해 주는 존재'로서의 상징성을 가지고 있다고 해석된다.
- 『의좋은 형제』와 『우렁 각시』 『구두 짓는 난쟁이』의 '밤' 배경은 휴식과 준비의 시간으로 여겨지는 일상생활 속에서의 '밤'과 다르게 남몰래 다른 사람에게 도움을 주는 시간으로서의 의미로 해석된다.

- 문화예술 교육매체의 내용과 유사하거나 반대되는 문화예술작품과 비교한다.

내용 비교의 예

- 유사한 패턴의 판타지 작품인 『오즈의 마법사』나 『이상한 나라의 앨리스』 이야기를 비교하며 그 의미를 찾아간다.
- 반대되는 내용을 담고 있는 『의좋은 형제』와 『흥부 놀부』를 비교하면서 문화예술 교육매체의 가치를 더 깊이 이해하고 느낀다.

교사의 지원:
각 영유아의 관심사가 새로운 발견의 과정으로 나아가도록 지원한다.

- 영유아는 동일한 상황에서도 개인의 경험과 관심사에 따라 관찰 대상이 달라질 수 있고, 같은 대상을 관찰하더라도 개인의 관점에 따라 그 의미가 다르게 해석될 수 있다.
- 예를 들어, 똑같은 포도밭을 방문하더라도 어떤 영유아는 포도나무에 매달린 포도송이에 관심을 가질 수 있고, 또 다른 영유아는 비가 와서 질퍽해진 포도나무 아래의 흙바닥에 관심을 가질 수 있다.
- 따라서 교사는 각 영유아의 관심사를 파악하고, 오감을 활용한 관찰이 새로운 발견의 과정으로 나아가도록 지원한다.

교사의 지원:
영유아 스스로 관찰하고 탐구할 수 있는 기회를 제공한다.

- 영유아가 호기심을 가지고 질문을 쏟아 낼 때, 교사는 영유아의 질문에 정답을 알려 주어야 한다는 압박감을 느낀다. 그러나 영유아가 던지는 질문의 대부분은 어른들의 입장에서는 당연하다고 생각하는 내용이기 때문에 딱히 무어라 설명하기 어려운 경우가 많다. 혹은 교사가 알고 있다 해도 영유아의 발달 수준에 적합하게 설명하는 데 어려움이 있을 수 있다.
- 교사는 영유아의 질문을 회피하거나 각자 집에서 혹은 인터넷 검색을 통해 질문 하나 하나의 정답을 찾는 데 초점을 두는 경우가 종종 있다. 그러나 질문에 대한 단답형의 답을 찾는 경험은 영유아의 발달과 학습에 도움이 되지 못한다.
- 누군가가 찾아 준 답을 보거나 누군가가 정리해 준 설명을 듣는 것보다는 영유아가 직접 관찰하고 실험하며 그 질문을 탐구해 가는 것이 의미가 있다. 그때에야 영유아는 그 지식을 자신의 것으로 받아들이게 된다.
- 따라서 좀 더 시간이 걸리더라도 영유아가 스스로 관찰하고 탐구할 수 있는 기회를 제공한다.

3. 상상표현

상상표현은 경험을 재구성하면서 알고 느끼고 상상한 것을 다양하게 표현하는 과정이다. 문화예술 교육매체를 해석하고 창작하는 과정에서 상상력은 중요한 능력이다. 상상은 가지고 있는 자료를 나름의 방식으로 조합하여 새로운 경험 가능성을 창출해 내는 것이다. 영유아는 문화예술 교육매체를 깊이 있게 탐구하면서 가지게 된 새로운 렌즈를 통해 문화예술 교육매체를 재편집하고 재구성하면서 자신들만의 상상을 더해 간다.

문화예술 교육매체를 감상하고 상상하면서 가지게 되는 생각과 느낌은 개인 내면에 머무르기 때문에 다른 사람과 공유할 수가 없다. 표현을 했을 때 비로소 개인적 의미를 공적인 형태로 만들어 다른 사람과 공유하고 소통할 수 있게 된다. 영유아는 자신의 사적 경험을 다양한 방법으로 표현하고, 그 표현을 접한 또 다른 영유아는 자신이 직접 접하지 못했던 세상을 보고 들으며 상상한다(Eisner, 1996).

1) 이야기 상상하기

- 영유아는 상상을 통해 이전에 보지 못했던 것을 떠올리고, 직접 경험하지 못한 것을 개념화하면서 경험을 확장해 간다. 현실에서는 시간과 공간에 제약을 받고 늘 만나는 사람들과의 한정된 인간관계를 맺는다. 그러나 상상의 세계에서는 시간과 공간의 제약을 받지 않고 비현실적이거나 초자연적인 것도 가능하며 보다 다차원적인 관계를 맺을 수 있다.
- 영유아는 이야기를 상상하며 보다 풍부한 정서를 느낀다. 등장인물이 기쁨이나 슬픔을 느낄 때, 자신들의 이전 경험을 바탕으로 그 사람의 생각과 감정을 상상하며 같이 기뻐하거나 슬퍼한다.
- 영유아는 문화예술 교육매체 속 인물의 행동이나 감정, 배경, 사건 등을 상상한다. 현재의 자신이 아닌, 지금이 아닌, 여기가 아닌 이야기 속으로 들어가서 ~이 되어, 그 시간 속으로, 그 공간 속으로 이동하며 상상한다.
- 영유아는 상상의 세계로 들어가면서 '만약'이라는 의심과 호기심에서 출발하여 '어쩌면 그럴지도 몰라.'라는 기대와 설렘을 느끼며 새롭게 이야기를 구성한다(황선미, 2006).

이야기 상상하기의 예

- 이야기 속의 주인공이 사는 마을은 어떤 마을일까?
- 주인공은 왜 그런 말을 했을까?
- 주인공을 바라보는 또 다른 등장인물은 지금 어떤 기분일까?
- 그 동물은 왜 그런 행동을 했을까?
- 처음에 등장했던 그 인물은 지금 어디에서 무엇을 하고 있을까? 등

- 문화예술 교육매체를 다른 인물, 다른 배경, 다른 사건 등과 관련지으며 다양한 가능성에 대해 상상한다.

이야기 바꾸어 상상하기의 예

- 만약에 내가 주인공이라면 어떻게 했을까?
- 등장인물이 사는 곳이 농촌이 아니라 우주라면 그들은 서로 어떤 것을 나누었을까?
- 만약 이야기에 잠깐 등장한 부엉이가 주인공이라면 어떤 이야기가 펼쳐질까?
- 주인공이 그 행동을 하지 않았다면 어떻게 되었을까?
- 다른 이야기에 등장하는 제비가 이 이야기에 등장한다면 어떤 일이 일어날까? 등

[그림 4-12] 농촌 배경을 우주 배경으로 바꾼 상상놀이

2) 차원 바꾸어 상상하기

- 사물을 보거나 생각하는 기준을 바꾸어 상상하면 이제까지 보지 못했던 새로운 모습을 볼 수 있다. 어떤 상황을 이해하고 해석하는 데 있어서 차원을 바꾸어 사고하게 되면 서로 연관 없어 보이는 현상이 연결되면서 창의적 활동으로 이어진다.
- 차원 바꾸어 상상하기는 〈표 4-2〉와 같이 공간적, 시간적, 감각적 차원으로 나누어 살펴볼 수 있다.

〈표 4-2〉 차원적 사고의 예

범주	내용	차원 바꾸어 상상하기의 예
공간적 차원	입체 ↔ 평면	• 입체물로 구성하고 빛을 비추어 벽면에 그림자를 만들기 • 사물에 물감 묻혀 찍어 내기 • 설계도를 그리고 설계도에 따라 입체 모형 만들기 • 다양한 각도에서 거울을 비추어 사물 탐색하기 • 사진이나 장면에서 본 것을 블록으로 조립하거나 재활용품을 활용하여 구성하기 • 블록 조립하고 다양한 각도에서 사진으로 찍거나 그려서 나타내기 등
시간적 차원	과거 ↔ 현재 ↔ 미래	• 과거나 미래를 상상한 이야기 짓기 • 시간의 흐름에 따른 변화 관찰하기 등
감각적 차원	시각 ↔ 청각 ↔ 후각 ↔ 미각 ↔ 촉각	• 소리나 음악을 점이나 선, 혹은 그림으로 표현하기 • 촉감을 느끼며 어울리는 소리나 음악 찾아보기 • 그림이나 장면을 보면서 어울리는 음악이나 소리 연결하기 • 음식의 맛에 어울리는 색을 연상하여 연결 짓기 • 냄새에 어울리는 촉감 연결하기 등

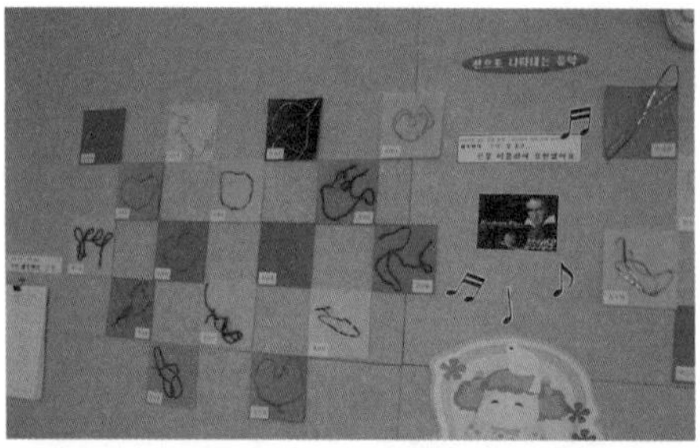

청각 ↔ 시각
베토벤(Beethoven)의 〈운명〉 교향곡을 들으면서 시각적으로 상상하여 선으로 표현한다.

시각 ↔ 청각
문화예술 교육매체의 이미지를 보면서 각 장면에서 나올 수 있는 소리를 상상하고 다양한 소품을 활용하여 이미지와 연결되는 소리를 만들어 표현한다.

[그림 4-13] 감각적 차원을 바꾼 상상

3) 다양하게 표현하기

- 영유아는 교사가 억지로 표현을 끌어내지 않아도 놀이할 수 있는 시간과 공간만 주어지면 자유롭게 자신의 상상을 표현한다. 영유아의 놀이는 그 자체가 상상 활동(Connery, John-Steiner, & Marjanovic-Shane, 2015)이기 때문이다.
- 영유아는 아무것도 없어도, 때로는 작은 소품 하나만으로도 자신의 상상을 표현한다.
- 영유아의 상상은 블록놀이나 조형 활동 등의 모형 만들기를 통해서도 표현된다. 유아는 단순한 모양의 작은 블록 조각이나 재활용품 등을 조립하여 다양한 모형을 만들며 상상의 세계를 엮어 간다. 모형은 직접 경험하기 어려운 것이나 복잡한 생각, 개념 등을 구체화하는 데 도움이 된다.

[그림 4-14] 소품을 활용한 표현

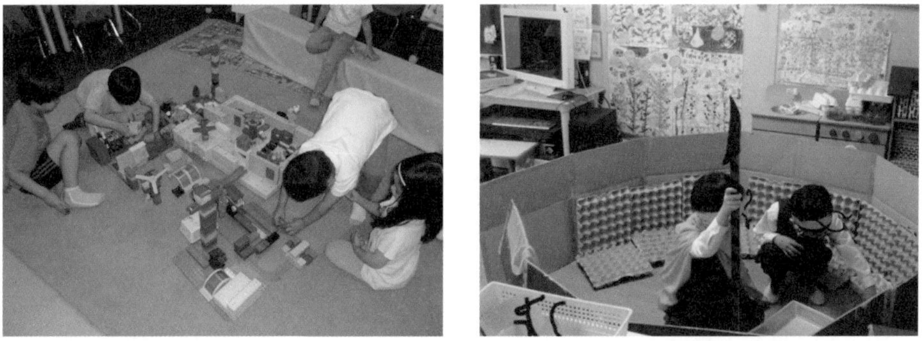

[그림 4-15] 모형 만들기를 통한 훈련

- 영유아는 상상을 표현하는 과정에서 자신이 알고 있는 것은 무엇이고 모르는 것은 무엇인지를 보다 명확하게 알게 된다. 표현은 상상한 것을 드러내는 과정이면서 동시에 새로운 생각을 탄생시키는 과정이다.
- 영유아가 자신의 생각과 느낌을 표현하는 방법은 문학, 음악, 미술, 무용, 연극, 영화 등 다양한데, 어떤 표현 방법을 선택하느냐에 따라 더 집중하는 경험이 달라진다. [그림 4-16]은 표현 방법에 따라 주의를 기울이는 자극이 달라짐을 보여 주는 예시이다.

		미술	색 크기 생김새
걸음걸이 움직이는 모습 속도	무용		
		음악	울음소리

[그림 4-16] 표현 방법에 따라 달라지는 주의자극

- [그림 4-16]과 같이 동물을 관찰한 뒤 미술로 표현할 때에는 시각적으로 본 것에 주의를 기울여 자신의 경험을 떠올리게 된다. 그리하여 동물의 생김새, 동물의 크기, 동물의 색에 관심을 기울이며 동물을 관찰했던 경험을 기억해 낸다. 그런데 동물을 관찰했던 경험을 음악으로 표현하면 여러 자극 중 소리 자극을 더 민감하게 떠올리게 된다. 만약 무용으로 표현한다면 동물의 걸음걸이, 움직이는 모습이나 속도 등의 경험을 떠올릴 것이다.
- 표현 방법에 따라 주의를 기울이는 경험이 달라지므로 계속 비슷한 표현 방법만을 사용하게 되면 대상을 통해 얻게 되는 경험이 편중될 수 있다. 따라서 다양한 표현 방법을 통해 문화예술작품이 전하는 다양한 정보에 주의를 기울인다.

교사의 지원:
탐구와 병행된 상상놀이가 이루어질 수 있도록 지원한다.

- 상상은 그저 허무맹랑하고 맥락 없이 이루어지는 공상과는 구별된다. 진정한 상상은 깊이 있는 탐구와 병행될 때 이루어진다.
- 우리가 현실에서 일어날 수 없는 일이라는 것을 알면서도 판타지 소설이나 영화를 즐기고 그것에 몰입하는 이유는 '정말 그럴지도 몰라. 저럴 수도 있어.'라고 생각할 만큼 그 이야기가 논리적이고 체계적이기 때문이다. 이러한 논리적인 전개는 직접 관찰하고 실험하고 비교하고 분류하는 등의 탐구활동이 충분히 이루어질 때 가능하다.
- 상상은 실제로 경험하지 않은 현상이나 사물에 대해 생각하는 것임에도 불구하고, 직접 경험이 많을수록 풍부해진다. 따라서 교사는 영유아가 문화예술 교육매체를 충분히 감상놀이하고 깊이 있게 관찰탐구하면서 상상할 수 있도록 지원한다.

교사의 지원:
영유아의 상상이 놀이 속에서 자연스럽게 표현되도록 지원한다.

- 교사는 영유아에게 잠재되어 있는 무한한 상상력을 해방시켜 주는 역할을 한다.
- 마음껏 상상하게 하기 위해서는 가만히 앉아서 교사의 질문에 답변하는 형식으로 진행되어서는 안 된다. "주인공이 사는 마을은 어떤 마을일까?"라는 교사의 질문에 "논이 있고 거기에 허수아비가 있을 것 같아요."라는 영유아의 대답으로만 상상 활동이 이루어지는 것이 아니다.
- 영유아들이 직접 공간을 구성하고 등장하는 인물이나 동물이 되어 움직여 보고 그려 보고 모형으로 만들어 보고 노래로 불러 보고 악기로 연주하고 몸짓으로 표현해 보는 등 몸을 움직이고 놀면서 자연스럽게 자신의 상상을 펼칠 수 있도록 지원한다.

4. 교류발전

교류발전은 일상에서 의미와 가치를 실천하고 자신 및 타인과 소통하며 발전하는 과정이다. 문화문해교육은 예술과 일상적 삶 사이의 간격을 좁혀 우리의 일상이 예술적 삶이 되도록 하는 것(김광명, 2007)이다. 그저 문화예술 교육매체에 대해 알고 이해하는 것에 그치는 것이 아니라 문화예술 교육매체에 담긴 지식, 사고, 감정, 신념, 태도, 도덕, 가치 등을 일상과 연결하면서 새로운 렌즈로 생활 주변의 모든 것에 눈을 돌리고 의미를 부여하며 가치를 실천하는 것이다.

영유아는 문화예술 교육매체와 자신들의 일상을 연결하고, 다른 사람과 소통하고 협력하며 그들만의 이야기를 만든다. 그들만의 이야기를 만들어 가는 과정은 한 번에 끝나는 것이 아니라, 만든 이야기를 돌아보고 수정하며 첨가하는 순환적인 과정을 통해 이루어진다. 이처럼 영유아는 때로는 감상자에서 창작자로, 때로는 창작자에서 감상자로의 역할을 넘나들며 자신들만의 이야기를 만들고, 그 과정에서 자신을 더 잘 알게 된다.

1) 의미와 가치 실천하기

- 살아온 시간이 얼마 되지 않아 많은 것이 새로운 영유아이지만, 눈여겨보지 않으면 어떤 새로움도 발견하지 못하고 느끼지 못한다. 아름다운 하늘, 예쁜 꽃, 푸르른 나무, 싱그러운 동네의 향기, 스치고 지나갔던 많은 사람에 대해 눈이 번쩍 뜨이고 귀가 쫑긋 열리며 가슴이 두근거릴 때(김재은, 2014), 그 모든 것은 비로소 영유아에게 의미 있는 것이 된다.
- 영유아는 문화예술 교육매체 속에서 보았던 자연과 사물, 움직임, 그리고 문화예술 교육매체 속에서 들었던 소리가 우리 주변에도 있음을 연결하면서 평소에 그냥 지나쳤던 사물을 보고, 침묵했던 소리를 듣고, 의식하지 못했던 감촉을 느끼며 알아차린다.

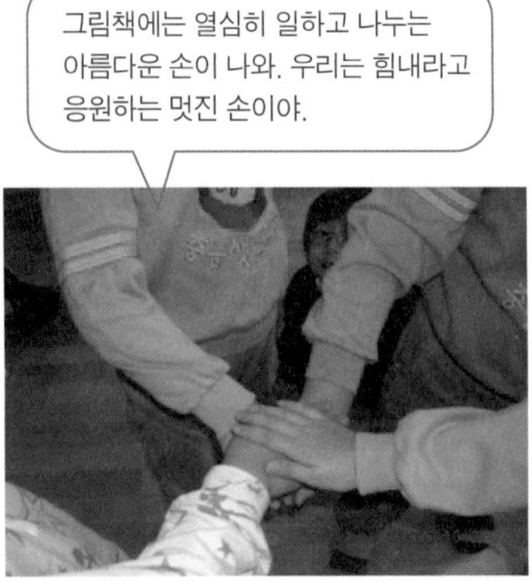

[그림 4-17] 문화예술 교육매체와 연결하며 일상에 의미 부여

- 무의미하게 지나쳤던 일상을 새로운 렌즈로 보고 듣고 느끼고 움직이며 그 일상에 의미를 부여한다. 문화예술 교육매체는 영유아가 보고 듣고 즐기는 감각 경험이면서 동시에 주의를 기울여 알아차리는 인지 · 감성 발달의 매개물이기도 하다.
- 문화예술 교육매체에는 사랑, 나눔, 지혜, 용기, 희망 등 그 시대의 신념이나 가치 등이 담겨 있다. 영유아들은 문화예술의 의미를 해석하면서 그 안에 담겨 있는 가치를 읽어 낸다.
- 읽어 낸 가치는 그것이 무언인지를 아는 것에서 더 나아가 자연스럽게 삶에서의 실천으로 이어진다.
- 예를 들어, 문화예술에 담긴 '사랑'의 의미(가치)를 읽어 낸 영유아는 우리의 삶에도 '사랑'이 있음을 찾아내면서 각자가 할 수 있는 '사랑'을 실천하게 된다. 친구와 함께하기 위해 기다려 주면서 '사랑'을 실천하고, 자신이 좋아하는 놀잇감을 함께 사용하며 '사랑'을 실천한다.
- "나는 듣고 잊는다. 나는 보고 기억한다. 나는 행하고 이해한다."라는 중국 격언처럼 문화예술 교육매체 속에 아무리 좋은 가치가 담겨 있어도, 그리고 그것을 탐구하여 의미를 해석했다 해도 완전히 자기 것이 되는 것은 아니다. 생활 속에서 직접 몸으로 실천할 수 있을 때에 진짜 자기 것이 된다.

2) 다른 사람과 소통하기

- 문화예술 교육매체에 담긴 의미를 각자의 삶과 연결하면서 기존의 이야기에 자신들의 생각과 느낌을 덧붙여 표현한다.
- 이야기하기는 자신의 생각과 느낌을 표현하는 것으로서, 이 과정에서 다른 사람과 소통하게 된다. 한 문화예술 교육매체임에도 서로 다르게 해석할 수 있음을 경험하면서 다른 사람의 목소리에 귀 기울이고 서로 협력하며 기존의 문화예술을 넘어 그들만의 의미를 만들어 간다.
- [그림 4-18]은 영유아들이 문화예술 교육매체에서 읽어 낸 의미를 해석하고 알고 느끼고 상상한 것을 서로 나누고 협력하며 그들만의 의미를 덧붙여 이야기를 발전시키는 사례이다.

계절의 순환을 조형으로 표현한
우리들의 이야기

생명의 탄생을 그림자극으로 표현한
우리들의 이야기

희망의 의미를 춤으로 표현한 우리들의 이야기

– 아름다운 손 –
친구의 장난감을 같이 정리해 주는 손은
아름다운 손입니다.
친구가 넘어졌을 때 일으켜 주는 손은
아름다운 손입니다.
아픈데도 엄마가 가족을 위해 밥을 해
주는 손은 아름다운 손입니다.
잘했다고 박수를 쳐 주는 손은
아름다운 손입니다.
불이 났을 때 소방관 아저씨가 불을
꺼 주는 손은 아름다운 손입니다.
가난한 사람을 돕는 그 손은 아름다운
손입니다.

나눔과 배려의 의미를 시로 표현한
우리들의 이야기

[그림 4-18] 문화예술 교육매체의 의미를 해석하며 만든 우리들의 이야기

3) 성찰하며 발전하기

- 이야기하기는 생각과 느낌을 표현하는 것이기 때문에 영유아가 현재 무엇을 알고 무엇을 생각하며 무엇을 느끼는지를 나타낸다. 이전 이야기에 지속적으로 덧입혀진 이야기는 영유아의 사고와 느낌의 성장 과정을 고스란히 드러낸다.
- 영유아가 자신의 경험을 바탕으로 나의 이야기를 만들어 가는 과정은 감상하

는 과정과 연속적인 관계 속에서 이루어진다.

- 한번 그린 것으로, 한번 만든 것으로, 한번 표현하는 것으로 이야기가 완성되지 않는다. 그린 그림을 다시 보거나 수정 혹은 첨가하는 과정 없이 그냥 파일에 꽂아 보관하고, 다시 새 종이에 그림을 그리는 것이 아니다. 그렸던 그림을, 만들었던 작품을, 표현했던 움직임을 다시 수정하고 또다시 첨가하고 덧입히는 과정 속에서 자신들의 이야기를 만든다.
- 이야기하는 과정에서 기존의 이야기를 끊임없이 수정하고 재조직하며 자신과 소통하고, 자신의 내면을 더 잘 살필 수 있는 기회를 가진다.
- 즉, 나의 이야기하기에서 가장 핵심적인 활동 중 하나는 돌아봄이다. 돌아본다는 것은 문화예술 교육매체를 관찰탐구하고 상상표현하면서 수집한 정보의 조각을 모아 깊이 성찰하는 과정(백미현, 2011)이다.
- 영유아는 자아를 드러내고 타인으로부터 피드백을 받는 일련의 소통 과정을 통해, 자신의 이상(理想)은 무엇인지, 자신의 소질과 역량은 어떠한지, 자신의 관심사와 흥미는 무엇인지, 세상에 대한 나의 생각과 감정은 어떠한지 등을 알아가게 된다.
- 자아실현은 자신의 생각을 표현할 수 있고, 타인이 표현하는 생각을 이해할 수 있을 때 비로소 시작된다고 한다(Bresler & Thompson, 2013). 이러한 의미에서 자신의 이야기를 발전시키는 과정은 자아실현의 한 과정임을 알 수 있다.

교사의 지원:
문화예술 교육매체와 영유아의 삶을 연결한다.

- 문화예술 교육매체에 담긴 의미를 영유아의 삶과 연결하기 위해 영유아를 둘러싼 환경을 주의 깊게 살핀다.
- 때로는 영유아가 먼저 문화예술 교육매체에서 본 것, 들은 것을 주변에서 찾아 연결시킬 때도 있지만, 교사 역시 무심코 지나쳤던 주변 환경을 유심히 살피며 문화예술 교육매체의 의미와 영유아의 일상을 연결시킨다.
- 등원할 때, 자유놀이 할 때, 간식이나 점심을 먹을 때, 옷을 입을 때, 실외놀이를 할 때 등 하루 일과 속에서 영유아의 몸짓, 표정, 언어 등이 무엇을 의미하는지, 문화예술 교육매체 속에서 읽어 낸 의미(가치)와 어떻게 연결되는지에 관심을 갖는다.
- 영유아들이 무심코 했던 행동이나 말을 놓치지 않고 그것이 무엇을 의미하는지 알아차리고 공유한다.

- "미술가가 그들의 흔적을 사회에 남기는 것처럼, 교사들은 그들의 흔적을 학생들에게 남긴다."(Simpson et al., 2011: 401)라는 말과 같이, 교사가 무엇에 의미를 두면서 주의를 기울이느냐에 따라 그 교실 안의 영유아 역시 관심을 기울이는 것이 달라진다.

교사의 지원:
영유아가 자신의 이야기를 돌아보고 공유하며 발전시킬 수 있도록 지원한다.

- 영유아의 그림이나 글을 바로 파일에 꽂아 보관하고 구성물을 바로 정리하거나 일회적인 신체표현으로 끝내기보다는, 그림이나 글을 전시하고 구성물을 정리하지 않고 보관하며 움직임을 영상으로 찍어 다시 볼 수 있도록 지원한다. 이를 통해 영유아들은 이전 경험을 바탕으로 자신의 이야기를 심화 · 확장시키고 다른 사람과 소통하며 함께 즐길 수 있다.

이상과 같이 문화문해교육의 교수 · 학습 방법은 문화예술 교육매체에 담겨 있는 상징을 분석 · 해석하고 의미 및 가치를 읽어 내며 일상의 의미를 찾고 발전시켜 가는 감상놀이, 관찰탐구, 상상표현, 교류발전의 과정이다. 다시 말해서, 창의적 결과물을 매개로 차원 높은 의사소통을 경험하고 문화의 심층구조의 의미를 해석하며 그 가치를 일상에서 실천하고 다른 사람과 교류하며 발전시켜 가는 과정이다.

제5장

영유아 문화문해교육의 질 관리

일반적으로 영유아 교육 · 보육기관은 전문가 집단에 의해 정리된 지표를 토대로 외부 평가자에 의한 평가에 중점을 두게 된다. 그리고 그 기준은 전문가들이 동의하여 개발한 객관적이고 합리적이며 보편적인 표준에 의해 이루어진다. 따라서 현장은 객관적으로 정해진 그 기준을 '어떻게' 하면 충족시킬 수 있는지에 관심을 두게 된다. 또한 스스로 문제를 인식하고 이해하며 해결하려고 노력하기보다는 외부의 전문적인 시스템으로부터 보증된 '확신'을 얻는 데 더 큰 관심을 가지게 된다.

그러나 모든 상황에 적용되는 가장 적절한 한 가지 운영 방법은 존재하지 않는다. 만약 있다면 내 기관과 다른 기관이 똑같다고 가정하는 것과 같다. 모든 조건이 똑같은 기관은 있을 수 없기 때문에 잘 이루어지고 있는 교육과 그렇지 않은 교육에 대한 평가 기준 역시 하나일 수는 없다. 또한 그 기준은 외부에 의해서만 주어질 수도 없다. 교육은 맥락 안에서 파악되어야 하기 때문이다.

이에 평가의 방향은 점차 '의미 창조'의 방향으로 전환되고 있다(Dahlberg, Moss, & Pence, 2007). 의미 창조로서의 평가는 각 기관에서 현재 진행되고 있는 그대로의 실태를 '이해'하고, 그 안에서 의미를 찾아가는 데 초점을 맞춘다. 즉, 현장의 교사들을 이미 생산되어 있는 의미를 단순히 반영하는 존재로 인식하기보다는 스스로 의미를 만들어 가는 존재로 인식한다. 모든 교육현장에 적용되는 객관적인 평가 기준이 존재한다기보다는 각 현장의 특성과 조건에 따라 그 기준이 구성되고 만들어져 가는 것이다. 교사는 이미 정해진 기준에 '어떻게' 하면 도달할 수 있을까를 생각하기 이전에 '왜' 그것을 해야 하는지에 대한 철학적이고 윤리적인 고민을 하게 된다. 교사는 스스로에게 '어떻게 하면 정해진 기준을 충족할 수 있을까?'의 질문이 아니라, '우리 교실에서 지금 어떤 일이 이루어지고 있는가?' '우리 교실의 아이들은 지금 무엇을 하고 있고 무엇에 관심과 흥미를 보이는가?' '교사는 영유아를 위해 무엇을 하고자 하는가? 왜 그것을 하고자 하는가?' '영유아와 교사가 만들어 가는 지금 이 순간은 어떤 의미가 있는가?' 등의 질문을 던지게 된다.

의미 창조로서의 평가 개념을 주체, 기준, 추구하는 방향, 중점을 두는 질문의 준거를 통해 살펴보면 [그림 5-1]과 같다(Dahlberg et al., 2007).

[그림 5-1]과 같이 의미 창조로서의 평가에서는 '교사' 스스로가 '현장'의 문제를 인식하고 그 문제를 '이해'하기 위해 노력하고, '왜(why)' 그것을 하고자 하는지에 대한 의문을 던지며 스스로 평가 기준을 만들어 가는 데 관심을 갖는다.

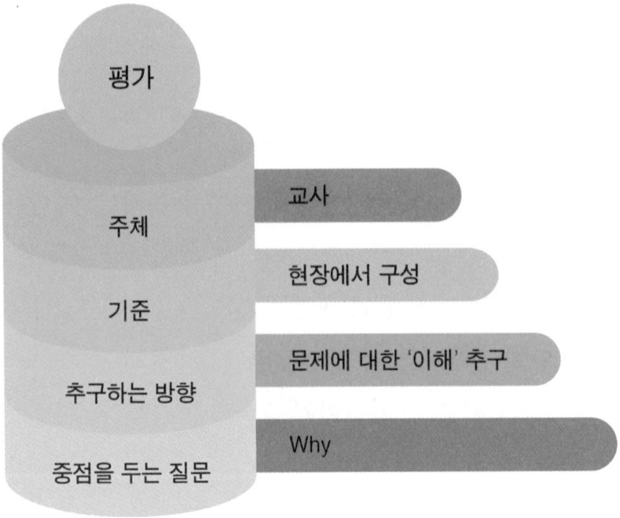

[그림 5-1] 의미 창조로서의 평가

이러한 평가 방향에 따라 문화문해교육의 질 관리는 영유아와 교사가 함께 구성해 가는 과정을 맥락 안에서 기술 · 분석 · 해석하는 반성적 실행의 과정이다. 또한 구성원과 함께 소통하면서 문제를 해결해 가는 협력과 성장의 과정이다. 이 과정에서 영유아 교육 · 보육기관의 모든 구성원은 의미 있는 시간을 만들어 간다.

1. 반성적 실행

각 교사들이 교실에서 의미를 창조해 가는 과정을 통해 문화문해교육의 질 관리가 이루어진다고 볼 때, 교사의 역할은 더욱 중요해진다. 각 교실에서 모두가 의미 있는 시간을 만들기 위해서는 교사가 자신의 신념이나 실천 행위를 살피면서 그러한 신념을 가지게 된 원인과 그러한 행동을 하게 된 원인은 무엇인지 생각하고, 그 결과는 어떠했는지 등을 적극적이고 끈기 있게, 그리고 주의 깊게 고려하는 반성적 사고(Dewey, 1993: 박은혜, 2010에서 재인용) 과정이 요구되기 때문이다.

교사는 교실 내에서 일어나는 상황에 지속적으로 관심을 가지고 그날 이루어지는 교육 내용에 따라, 영유아의 수준과 관심 정도 및 심리상태에 따라, 혹은 날씨나 주변 환경 등에 따라 달라지는 교실 상황에 반응한다. 교실에서 일어나는 역동적 과정을 파악하고, 상황에 따라 교육 내용이나 교수 · 학습 방법, 활동 전개 등을 변경하며 교실 상황의 맥락을 고려한다. 그 과정에서 일어나는 상황을 분석하고 원인과 해결책을 모색하면서 그동안 당연하게 행해 왔던 또는 대부분의 사람들이 하고 있기 때문에 따라 왔던 것에 대해 '왜?'라는 질문을 던지며 비판적으로 생각한다. 교실에서 일어나는 다양한 문제 상황을 즉각적으로 해결해야 할, 잘못되어 고쳐야 할 그 무엇으로 인식하기보다는 이해되고 연구되어야 할 그 무엇으로 인식하는 것이다(Fu, Stremmel, & Hill, 2006). 스스로 문제를 인식하고 주의 깊게 살피며 반성하지 않는다면, 내가 내 교실에서 내 아이들과 실천할 수 있는 그 해답을 찾을 수는 없다.

이처럼 실천 중에 생기는 어려움을 해결하다 보면 이론적으로 접한 내용을 돌아보게 되고, 그것을 통해 정리된 생각을 실행하고, 실행하는 중에도 끊임없이 사고를 정리하는 일련의 과정을 거치게 된다. 이 과정에서 그저 생각에만 머물렀던 이론과 지식이 실천과 연결되고, 우연이나 짧은 생각으로 좌우되지 않고 신중하고 근거 있게 처리되면서 이론과 실제가 조화를 이룬다. 이러한 과정을 의미 있게 기록하는 것이 일일교육실행서이다.

일일교육실행서는 일반적으로 일일교육계획안이나 보육일지와는 다른 형태이다. 일일교육계획안이나 보육일지가 하루의 계획을 중심으로 작성되고 그에 따라 실행한 내용을 평가하는 것이라면, 일일교육실행서는 역동적으로 일어나는 교실 상황을 관찰하고 분석하면서 영유아의 놀이를 지원하는 일련의 실행 과정을 기록하는 것이다. 일일교육계획안이나 보육일지의 기록 방법은 교사 위주의 기록으로서 놀이 중심으로 이루어지는 교실 현장을 제대로 기록하는 데 어려움이 있다. 이에 반해 일일교육실행서는 영유아 주도적으로 이루어지는 놀이 상황을 관찰하고 의미 있는 장면과 교사의 지원을 기록 · 분석하여 교육적 의미를 해석한다. 그리고 이에 기초하여 다음의 활동을 예측하고 계획함으로써 매일의 활동이 연속적이고 통합적으로 이루어진다. 이와 같은 일일교육실행서의 예는 〈표 5-1〉과 같다.

〈표 5-1〉 일일교육실행서의 예

일일교육실행서	
놀이주제	놀이활동 이름 제시
날짜	년 월 일 요일
일과 시간표	유치원이나 어린이집의 하루 일과를 간단히 기록
놀이 이야기 (영유아행동 관찰)	의미 있게 관찰한 놀이 상황에 대해 영유아의 행동, 대화, 교사의 지원 내용을 사실적으로 기록(내용 이해에 도움이 될 수 있는 사진 제시)
영유아 문화문해	관찰 내용에서 찾아낸 영유아의 흥미나 관심사, 발달 정도 등을 해석
문화문해 과정	역량, 사회적 가치(교육적 가치), 교수학습과정 등을 분석
추후 계획	연결될 수 있는 놀이, 일과조정, 환경구성, 소품이나 재료, 전문가 초빙 및 현장견학, 집단구성 등

〈표 5-1〉과 같이 문화문해교육의 질 관리는 영유아들로부터 시작되며, 놀이로 펼쳐지는 매 순간 모든 영유아가 의미 있는 시간을 가지게 하는 열쇠가 된다. '놀이 이야기'를 기록할 때 다음과 같은 점에 유의한다.

- 문화문해교육에서 영유아 관찰은 영유아가 무엇을 아는지, 무엇을 이해하는지, 무엇을 할 수 있는지에 관심을 갖고 기록한다.
- 영유아-영유아, 영유아-환경, 영유아-교사 간의 상호작용에 관심을 두면서 영유아의 행동이나 대화, 주목할 만한 몸짓 등을 포착하여 객관적 사실 위주로 구체적으로 기록한다.
- 작성하면서 설명이 길어 장황해질 경우에는 내용에 따라 전개 과정을 도표나 순서도 등으로 제시하고 설명할 수 있으며, 의미 있는 장면을 사진으로 찍어 함께 기록하면 의미 해석에 도움이 될 수 있다.

• 영유아가 무엇을 이해하고 할 수 있는지에 대해 관찰한 내용은 다시 실행 과정에 반영하여 다음 활동과 연결된다.

'영유아 문화문해' 기록은 영유아 관찰을 바탕으로 한 영유아의 경험 분석 내용이다. 영유아의 경험에는 영유아의 흥미나 관심사, 영유아의 발달 등이 포함된다. 흥미란 어떤 것에 마음이 끌리는 것으로서, 영유아가 현재까지 이룬 발달 상태를 보이는 것이기도 하고, 막 들어가려는 발달단계를 예고하는 것이기도 하다(Dewey, 1897: 송도선, 2009에서 재인용). 영유아가 필요로 하는 것, 관심을 끄는 것, 그리고 호기심을 불러일으키는 것이 존중될 때, 영유아는 추후 진행되는 활동의 목적을 자신의 것으로 받아들이게 된다. 따라서 '영유아 문화문해' 기록을 통해 교사는 개별 영유아가 무엇에 흥미와 관심을 나타내는지, 발달 정도는 어떠한지를 알아 가는 기회를 얻게 된다.

또한 '문화문해 과정' 기록은 영유아 관찰을 바탕으로 교수 · 학습 과정을 분석한 내용이다. 영유아의 경험이 문화문해교육의 목표인 '자기관리 역량' '지식정보처리 역량' '창의적 사고 역량' '심미적 감성 역량' '의사소통 역량' '공동체 역량'과 어떻게 연결되는지, 그 교육적 가치는 무엇인지를 분석한다. 또한 영유아의 흥미와 발달 특성 및 경험의 고려, 영유아 생활과의 연계, 상호작용(영유아-영유아, 영유아-환경, 영유아-교사)의 정도, 개별 영유아 고려, 시간 · 공간 및 재료의 적절성, 집단형태 및 그룹 구성의 적절성 등을 고려하면서 교수 · 학습과정을 분석한다. 마지막으로 '추후계획' 기록은 영유아의 경험과 교수 · 학습과정 분석을 통해 추후에 취할 행동과 그 행동에 대한 결과를 예측하면서 지원계획을 세운다.

이와 같이 문화문해교육의 질 관리는 객관적 지표를 사용하여 외부 전문가에 의해 이루어지기보다는 교실 현장의 교사가 끊임없이 자신을 돌아보고 그 안에서 의미를 만들어 가는 반성적 실행 과정이다.

2. 협력과 성장

문화문해교육의 질 관리는 실행 과정을 돌아보면서 의미를 만들어 가는 반성적 실행 과정과 더불어 기관 내 원장 및 동료 교사, 더 나아가서는 부모 및 지역사회와의 공유와 소통을 통한 협력과 성장을 포함한다. 여기서는 이 중에서 원장 및 동료 교사와의 협력과 성장에 초점을 두어 서술하고자 한다.

각자 독립된 교실에서 하루 종일 머무는 교사는 자유로움을 느끼기도 하지만, 동시에 고독감과 외로움을 느끼기도 한다. 특히 힘들고 어려운 상황에 직면할 때면 누구에게라도 털어놓고 싶고, 함께 공유하면서 나 혼자만의 문제가 아니라는 위안을 받고 싶어진다. 이런 맥락에서 원장 및 동료 교사와의 소통은 각 교실에 고립되어 있는 교사가 심리적 위안과 정서적 지지를 얻는 데 도움이 된다. 더 나아가 수평적 관계 속에서 자신의 어려움을 드러내고 함께 원인과 해결책을 모색하는 협력 과정에서 서로의 성장을 이끌게 된다.

개인적 차원에 머무는 반성은 각 개인이 가진 역량에 따라 차이가 있을 수 있다. 그러므로 타인과의 적극적이고 진솔한 상호작용을 통한 반성이 함께 이루어진다면 보다 질 높은 성장이 이루어질 수 있다. 동료 교사와 대화하는 과정에서 자신의 상황을 더 객관적으로 바라보게 되고, 스스로 문제를 해결하는 방법을 찾아갈 수 있다. 또한 타인과의 소통을 통해 다른 관점을 접하고 다양한 가치와 선택이 있음을 인식하면서 다각도에서 효과적으로 문제를 해결할 수 있다. 이에 대해 비고츠키(Vygotsky)는 교사 성장에서 동료 교사와의 대화가 그 다음 단계의 근접발달영역으로 넘어가기 위한 필수적인 장치라고 언급하며 그 중요성을 강조한 바 있다(김순희, 2009).

교사가 반성적 사고를 할 수 있는 홀로 있는 시간과 타인과 소통하고 협력하는 함께하는 시간이 서로 상보적인 역할을 하면서 교사의 성장을 이끄는 것이다(안소영, 2012).

동료 교사와 그동안 고민하고 있었던 어려움을 서로 나눈 예시는 다음과 같다.

김 교사: 저는 계속 '색'으로 활동을 연결하고 싶은데 이렇게 계속 진행해도 되는지 아이들의 마음을 모르겠어요. 아직 감을 못 잡겠어요. 이런 방향이 맞는지 발문이나 이런 것을 항상 생각해요. 확장된 질문을 해야 하고, 아이들의 생각이 나올 수 있게 질문해야 하고. 전에는 그냥 '좋다' 하고 넘어갈 것에 대해서도 요즘은 '왜 거기에서는 그랬을까?'라고 묻게 돼요. 제 자신이 자꾸 의식해서 또 물어보지만 사실은 아직도 어떻게 말해 주어야 되는지 모르겠어요.

박 교사: 저도 그래요. 아이들 말 한마디, 행동 하나하나가 모두 관심을 나타내는 것이고, 그걸 바탕으로 활동을 계획해야겠다고 생각하니까 말 한마디도 놓칠 수가 없고 자꾸 물어보게 돼요.

최 교사: 예전에는 가족이라는 주제가 있으면 이번 주에는 '우리 가족이에요. 우리 가족의 특성이에요. 특별한 날이 있어요.'처럼 이야기 나누기가 정해진 것이 있고, 그래서 제가 딱 그 주에 주어야 할 것, 해야 할 것에 대해서만 생각했기 때문에 사실은 이런 고민을 해 본 적이 없었던 것 같아요. 그래서 지금이 더 힘든 것 같아요.

박 교사: 그러나 그건 분명해졌어요. 제가 미리 준비하기보다는 아이들과 함께 하다 보니 아이들은 더 좋아해요. 아이들이 좋아하면 된 거 아닐까요?

최 교사: 아이들은 굉장히 흥분해 있는 상태예요. 이야기를 시작할 그때부터 굉장히 흥분했다는 걸 느낄 수 있었어요. 놀이에 푹 빠졌다는 말이 맞아요. 자기들이 생각한 질문거리 안에서 해결을 하니까 더 놀이에 집중하는 것 아닐까요?

김 교사: 그렇군요. 제가 아직 아이들의 말을 잘 들으려 하지 않았던 것 같아요. 아직도 제 마음속에는 '이런 것들을 해야 하는데' '해 줘야 하는데' 하는 마음이 더 강한가 봐요. 아이들의 말에 좀 더 귀 기울여 봐야겠어요.

이 사례처럼 서로의 경험과 전문 지식을 공유하는 동료와의 소통은 비슷한 환경에서 같은 고민과 어려움을 갖고 있다는 심리적 위안을 주고 기운을 북돋우며 도전할 용기를 주면서 모든 구성원의 전문성을 향상시킨다. 그리고 이러한 소통과 협력의 궁극적 목적은 교사의 성장을 넘어 영유아의 성장에 있음을 놓치지 않고 있다.

이처럼 문화문해교육의 질 관리는 [그림 5-2]와 같이 자신의 교육을 돌아보고 의미를 찾아가는 반성적 실행 과정이고, 구성원 간의 진솔하고 활발한 소통과 협력을 통해 성장하는 과정이다.

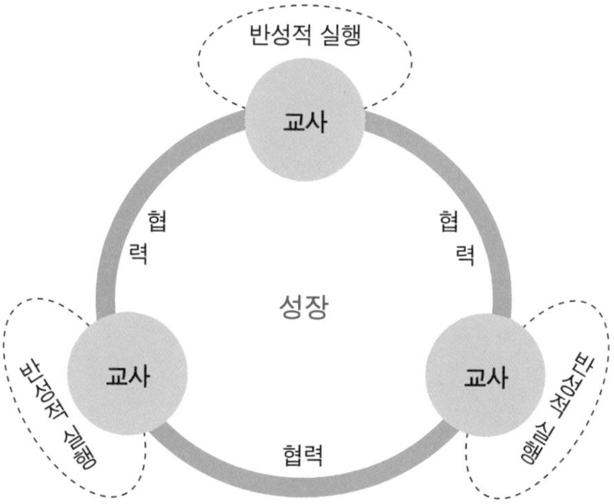

[그림 5-2] 영유아 문화문해교육의 질 관리

영유아가 문화예술 교육매체를 즐기고, 관찰하고, 탐구하고, 상상하고, 표현하고, 교류하며 발전하는 일련의 과정을 통해 성장하듯이, 교사 역시 영유아와의 경험을 관찰하고, 탐구하고, 상상하고, 기록하고, 교류하면서 그 경험의 의미를 발견하고 성장하는 것이다. 교사가 자신을 돌아보고 타인과 협력하며 성장하는 문화, 그 문화 안에서 살아가는 영유아는 억지로 가르치지 않아도 자신의 삶을 돌아보고 타인과 소통하며 협력하는 삶을 살게 된다.

◆ 참고문헌 ◆

강나리(2016). [뇌 트렌드] AI 인공지능과 인간지능 "인간만의 고유한 역할 교육 필요하다"- 제9회 카오스 콘서트, "AI가 묻는다 '인간, 너는 누구냐?', 브레인, 60, 58-59.

강신장, 황인원(2014). 감성의 끝에 서라: 우리가 놓치고 있던 가장 쉬운 창조법. 경기: 21세기북스.

강은영(2013). 유아문화예술교육 프로그램 개발 및 효과. 전남대학교 대학원 박사학위논문.

강현석, 황윤세(2005). 놀이 이론의 재개념화를 통한 유아교육과정 통합 전략의 탐구. 미래유아교육학회지, 12(2), 33-65.

강현주, 백현주, 김진경(2011). 2011 문화예술교육 교육표준 개발 연구-디자인. 서울: 한국문화예술교육진흥원.

곽덕주, 남인우, 정연심, 최우정, 전미숙(2014). 미적체험과 예술교육. 서울: 이음스토리.

곽정인, 강민정(2009). 유아교육에서 놀이와 학과의 역동성. 어린이미디어연구, 8(1), 143-164.

곽향림(2004). 구성주의 교실에서 진자활동을 위한 과학적 내용지식과 지식구성에 관한 연구. 유아교육연구, 25(5), 257-536.

교육부(2015a). 초 · 중등학교 교육과정. 교육부 고시 제2015-74호.

교육부(2015b). 2015 개정 초 · 중등학교 교육과정 총론 해설: 초등학교.

교육부(2017). 초 · 중등학교 교육과정 총론 [별책 1].

권용준(2005). 테마로 보는 서양미술. 경기: 살림출판사.

김경집(2015). 생각의 융합: 인문학은 어떻게 콜럼버스와 이순신을 만나게 했을까. 서울: 더숲.

김광명(2007). 예술교육의 근거로서의 미학. 미학, 51, 33-60.

김길웅(2003). 상징, 기호학 그리고 문화연구-카시러의 「상징형식의 철학」을 중심으로. 독일문학, 87, 253-273.

김대식(2007). 감성제품개발론. 서울: 형설출판사.

김동현(2010). 놀이의 의미: 교육의 방법과 이상. 학습자중심교과교육연구, 10(1), 41-59.

김무길(2006). 놀이의 교육적 성격: 듀이와 디어든을 중심으로. 교육철학, 35, 167-188.

김세훈(2004). 문화예술교육 중장기 발전 방안. 한국문화관광정책연구원.

김순희(2009). 교사의 반성적 수업 실천을 위한 방안 탐색. 한국교원교육연구, 26(2), 101-121.

김운종(2009). 미래교육을 위한 교직관의 적합성 검토. 한국교원교육연구, 26(4), 79-94.

김은진(2011). 문화예술교육 프로그램에서 음악 테크놀로지 기반 수업(Music Technology-Based Learning)의 학습효과 연구. 경희대학교 대학원 박사학위논문.

김일태, 윤기헌, 김병수, 설종훈, 양세혁(2008). 만화 애니메이션 사전. 경기: 한국만화영상진흥원.

김재은(2014). 아이들에게 예술을. 경기: 교육과학사.

김재은, 홍순정(2012). 창의성과 감성교육. 서울: 창지사.

김재휘, 박은아, 손영화, 우석봉, 유승엽, 이병관(2009). 광고 심리학. 서울: 커뮤니케이션북스.

김정운(2005). 노는 만큼 성공한다. 경기: 21세기북스.

김정운(2014). 에디톨로지. 경기: 21세기북스.

김정은(2003). 대중문화 읽기와 비평적 글쓰기. 서울: 민미디어.

김정태(2010). 스토리가 스펙을 이긴다. 서울: 갤리온.

김종원(2015). 사색이 자본이다. 서울: 사람in.

김진송(2011). 상상목공소: 상상력과 창의성은 어떻게 형성되는가. 경기: 문학동네.

김진형(2016). 4차 산업혁명, 인공지능 시대의 교육. 지속가능과학회 춘계학술대회, 21-29.

김찬호(2008). 교육적 상상력: 교사와 부모가 함께 그리는 행복한 교육. 서울: 한국방송통신대학교 출판부.

김춘수(2013). 그는 나에게로 와서 꽃이 되었다. 서울: 시인생각.

김태완(2018). 미래교육의 비전과 전략. 서울: 학지사.

김태정(2014). 이성을 지배하는 감성의 힘 코어: 애플과 BMW가 선택한 '코어'전략을 삶에 적용하라! 서울: 행복에너지.

김효균, 손영주, 김명석, 이선진(2017). 현실과 가상의 모호한 경계 'AR증강현실 vs 가상현실 vs MR혼합현실'의 현재와 미래. 국방과 기술, 455, 76-87.

김희연, 정선아(2006). 어린이의 삶의 관점서 본 유아보육 교육과정의 본질. 유아교육연구, 26(5), 355-376.

박성봉(2011). 감성시대의 미학. 서울: 일빛.

박용후(2013). 관점을 디자인하라: 없는 것인가, 못 본 것인가? 경기: 프롬북스.

박윤현(2013). 과제 종류에 따른 3, 4, 5세 유아의 주의집중과 수인지 과제 수행. 서울대학교 대학원 석사학위논문.

박은혜(2010). 지식기반사회에서의 유아 교사의 지식. 서울: 창지사.

박인기(2002). 특집: 문화적 문식성의 국어교육적 재개념화. 국어교육학연구, 15, 23-54.

박일호(2006). 예술과 상징형식. 서울: 예전사.

박찬옥, 서동미, 곽현주, 박성희, 한남주, 홍찬의(2017). 유아교육과정. 경기: 정민사.

박창언(2017). 2015 개정 교육과정의 창의융합형 인재상과 역량 중심의 교육목적 체제 분석. 예술인문사회 융합 멀티미디어 논문지, 7(1), 743-752.

박현이(2012). 융합적 사고에 기반한 이공계 글쓰기 교육: 문학텍스트를 활용한 학술 에세이 쓰기를 중심으로. 교양교육연구, 6(4), 41-102.

박혜정, 김후성(2014). 시각 요소의 상상을 통한 어린이 창의적 발상 모델 개발 연구. 디지털디자인학연구, 14(2), 373-383.

배호순(2008). 교육프로그램 평가론. 서울: 원미사.

백미현(2011). 문화예술교육프로그램 참여자의 심미적 경험에 대한 사례연구. 중앙대학교 대학원 박사학위논문.

백순근, 윤승혜, 신안나, 손주영, 김연경(2017). 고등학생용 여섯 가지 핵심역량 측정도구 개발 및 타당화 연구. 교육평가연구, 30(3), 363-395.

백종현(2003). 철학의 주요개념 1. 철학사상, 16, 1-175.

백종현(2005). 한국철학계의 칸트 연구 100년(1905-2004). 칸트연구, 15, 335-416.

서문기(2015). 잘 사는 국가는 행복한가?: 삶의 질에 관한 국가 간 비교분석. 한국사회학, 49(1), 111-137.

서진희(2001). 상징해석을 통한 새로운 주체 정립 과정 고찰 -폴 리쾨르(P. Ricoeur)의 상징해석학을 중심으로. 이화여자대학교 대학원 석사학위논문.

성광수, 조광제, 류분순(2003). 몸과 몸짓 문화의 리얼리티. 서울: 소명출판사.

소경희(2007). 학교교육의 맥락에서 본 '역량(competency)'의 의미와 교육과정적 함의. 교육과정연구, 25(3), 1-21.

소경희, 전은화(1999). 교육과정에서의 정보기술 활용 방안 연구. 서울: 한국교육과정평가원.

송도선(2009). 존 듀이의 경험교육론. 서울: 문음사.

신승환(2008). 문화예술교육의 철학적 지평. 경기: 한길아트.

신은희(2014). 사람의 마음을 사로잡는 감성소통. 서울: 좋은땅.

안소영(2012). 소그룹 토의와 저널쓰기에 중점을 둔 예비 보육 교사교육에서 예비 교사가 경험하는 배움의 과정. 한국보육학회지, 12(3), 39-61.

안소영, 최윤정(2009). 놀이중심의 유아교육: 유치원에서 하루 종일 놀이에 몰입하도록 지원하기. 한국아동권리학회, 13(4), 555-577.

양광모(2012). 혼자 빛나는 별은 없다: 1권. 서울: 북큐브.

양옥승, 최경애, 이혜원(2016). 영유아교육과정. 서울: 학지사.

양현미(2004). 시각예술진흥을 위한 12가지 추진과제. 문화예술, 2월호, 17-20.

엄태동(2001). 존 듀이의 경험과 교육. 경기: 원미사.

오현숙, 양문희(2016). 감성 설득 전략: 커뮤니케이션이해총서. 서울: 커뮤니케이션북스.

오홍명(2014). 무지에 관하여: 디지털 시대의 지식과 앎의 원천으로서의 무지. 철학과 현상학연구, 63, 31-63.

월간미술(2007). 세계미술용어사전. 서울: 월간미술.

유영만(2011). 생각지도 못한 생각지도. 서울: 위너스북.

윤문홍, 최윤정, 최수경(2016). 만 5세 유아의 그림책 읽기의 재미에 관한 문화기술적 연구. 육아지원연구, 11(4), 201-229.

윤우중, 이현진(2014). 문화컨텐츠 개발을 위한 뉴미디어 환경에 관한 연구: 증강현실을 기반으로. 한국디자인문화학회지, 20(3), 425-435.
윤종혁, 김은영, 최수진, 김경자, 황규호(2016). OECD '교육 2030: 미래교육과 역량'을 위한 현황분석과 향후 과제. 충북: 한국교육개발원.
윤준수(1998). 인터넷과 커뮤니케이션 패러다임의 대전환. 서울: 커뮤니케이션북스.
윤태진, 박현구, 박경우(2004). 문자문화, 구술문화, 영상문화의 진화와 상호작용. 경기: 정보통신정책연구원.
이광우(2015). 2015 개정 교과 교육과정의 주요 특징. 서울: 한국교육과정평가원.
이광우, 정영근, 서영진, 정창우, 최정순, 박문환, 이봉우, 진의남, 유정애, 이경언, 박소영(2014). 교과 교육과정 개발 방향 설정 연구. 서울: 한국교육과정평가원.
이기숙, 김정원, 이현숙, 전선옥(2017). 영유아교육과정. 경기: 공동체.
이병준, 김성숙, 김성재, 김소희, 김정희(2010). 문화역량과 문화예술교육-문화역량의 개념과 구성요소. 경기: 교육과학사.
이성호(2004). 교육과정 개발과 평가. 경기: 양서원.
이용배(2003). 애니메이션의 장르와 역사. 경기: 살림.
이원택, 박경아(2008). 의학신경해부학. 서울: 고려의학.
이유미(2014). 의사소통 과정에 대한 연구. 인문과학연구, 41, 133-148.
이정화(2014). 문화예술교육의 이해. 서울: 커뮤니케이션북스.
이홍우(1991). 교육의 개념. 경기: 문음사.
이화선, 최인수(2014). 대학교양교육에서의 창의성 교육의 방향. 창의역량연구, 14(2), 1-17.
이효석(2012). 아널드의 교양 개념의 문화정치학적 함의와 '열린' 교양의 가능성. 새한영어영문학, 54(2), 63-86.
임동욱(2015). 소통과 공감의 힘. 서울: 커뮤니케이션북스.
임부연, 박향원(2008). 그림책에서의 심미적 요소 탐색: 2005' 칼데콧 영예상 수상도서 "Knuffle Bunny"를 중심으로. 유아교육연구, 28(4), 35-59.
임현정(2010). '성찰'과 '비평'의 개념에 기초한 수업보기. 초등교육학연구, 17(1), 105-128.
장우현, 최윤정(2018). 에듀드 감성교육. 서울: 꼬망세.
장필성(2016). 다가오는 4차 산업혁명에 대한 우리의 전략은? 과학기술정책, 26(2), 12-15.
전국미술교과모임, 문화연대(2008). 시각문화교육 관점에서 쓴 미술교과서. 서울: 휴머니스트.
정갑수(2009). Brain Science: 뇌를 어떻게 발달시킬까. 서울: 열린과학.
정원식(2010). 인간의 인지. 경기: 교육과학사.
정은혜(2004). 문화와 해석, 그리고 교육. 하이데거 연구, 제10집, 67-94.
정향진(2008). 문화적 과정으로서의 교육-교육인류학을 위한 비판적 고찰. 교육인류학연구, 11(1), 73-105.
정현선(2005). 디지털 매체 시대 의사소통 방식의 변화. 새국어생활, 15(2), 45-58.
조명진(2014). 상징읽기를 통한 다문화 미술감상 지도 방안 연구: 5, 6학년을 중심으로. 한국교원대학교 교육대학원 석사학위논문.

조병학, 박문혁(2017). 2035 일의 미래로 가라. 서울: 인사이트앤뷰.

조부경, 백성혜, 이은진(2005). 물에 물체가 뜨고 가라앉는 것에 대한 탐색활동에 나타난 유치원 교사의 과학교수지식에 대한 고찰. 유아교육연구, 25(6), 59-85.

조창연(2017). 휴먼 커뮤니케이션의 핵심이론: 커뮤니케이션 이해 총서. 서울: 커뮤니케이션북스.

주삼환(2016). 21세기 한국교육: 진단과 처방. 서울: 학지사.

진중권(2005). 놀이와 예술 그리고 상상력. 서울: 휴머니스트.

진중권(2014). 이미지 인문학 1: 현실과 가상이 중첩하는 파타피직스의 세계. 서울: 천년의 상상.

최기숙, 소영현, 이하나(2014). 감성사회: 감성은 어떻게 문화의 동력이 되었나. 경기: 글항아리.

최동수(2011). 정보사회(제5판). 경기: 법문사.

최수경, 최윤정, 안소영(2009). 의좋은 형제 그림책에 나타난 문화적 상징 읽기. 육아지원연구, 4(1), 69-94.

최윤정(2014a). 스웨덴의 국가수준 유아학교 교육과정에 나타난 발달과 학습의 의미. 한국교육, 41(1), 141-165.

최윤정(2014b). OECD의 최적의 학습 준거에 근거한 3-5세 연령별 누리과정의 교수 · 학습방법 분석. 육아지원연구, 9(4), 29-55.

최인수(2011). 창의성의 발견. 경기: 쌤앤파커스.

최인철(2016). 프레임: 나를 바꾸는 심리학의 지혜. 서울: 21세기북스.

최인철(2018). 굿 라이프: 내 삶을 바꾸는 심리학의 지혜. 서울: 21세기북스.

최현석(2009). 감각: 우리는 무엇을 보고 듣고 느끼고 이해하는가. 경기: 서해문집.

최현석(2010). 인간의 모든 감각. 경기: 서해문집.

최현철(2012). 유아감각교육의 의미에 대한 사상사적 고찰. 어린이문학교육연구, 13(3), 523-537.

최혜실(2006). 문화콘텐츠, 스토리텔링을 만나다. 서울: 삼성경제연구소.

한국교육과정평가원(2018). OECD Education 2030 학습 프레임워크(시안) 발표: 더 나은 세상을 위한 교육. 2018년 2월 16일 보도자료.

한국문학평론가협회(2006). 문학비평용어사전. 서울: 국학자료원.

한동옥, 최윤정(2015). 작은별 어린이집 영아들의 전래 자장가 듣고 낮잠 들기에 관한 문화기술적 연구. 어린이문학교육연구, 16(3), 146-174.

한동옥, 최윤정, 안소영(2016). 영아 몸짓의 의미. 육아지원연구, 11(4), 173-199.

한상복, 이문웅, 김광억(2011). 문화인류학. 서울: 서울대학교출판문화원.

한용환(1999). 소설학 사전. 서울: 문예출판사.

한지혜(2008). 보육시설의 문화예술교육 및 교사연수에 대한 실태, 인식 및 요구도. 미래유아교육학회지, 15(1), 195-228.

홍용희, 나영이, 장현진, 김혜전, 전우용(2013). 유아 행복교육 탐구. 서울: 창지사.

황선미(2006). 동화 창작의 즐거움. 경기: 사계절출판사.

EBS 이야기의 힘 제작팀(2011). 이야기의 힘!: 매혹적인 스토리텔링의 조건. 서울: 황금물고기.

EBS 최고의 교수 제작팀(2008). 최고의 교수. 경기: 예담.

榛葉 豊(2016). 두뇌는 최강의 실험실. [頭の中は最强の實驗室: 學問の常識を搖るがした思考實驗]. (홍주영 역). 서울: 끌레마. (원저는 2012년에 출판).

山元大輪(2002). 3일만에 읽는 뇌의 신비. [3日でわかる腦]. (박선무, 고선윤 공역). 서울: 서울문화사. (원저는 2001년에 출판).

Ackerman, D. (2010). 감각의 박물학. [*A natural history of the senses*]. (백영미 역). 서울: 작가정신. (원저는 1990년에 출판).

Arnheim, R. (2004). 시각적 사고. [*Visual thinking*]. (김정오 역). 서울: 이화여자대학교 출판부. (원저는 1969년에 출판).

Auer, W. M. (2013). 감각을 깨우다. [*Praxisbuch Sinne wecken*]. (윤선영 역). 서울: 창지사. (원저는 2008년에 출판).

Austen, J, (2016). 이성과 감성. [*Sense and sensibility*]. (권민정 역). 서울: 시공사. (원저는 1811년에 출판).

Baldwin, E., Longhurst, B., McCracken, S., & Ogborn, M. (2008). 문화코드, 어떻게 읽을 것인가. [*Introducing cultural studies*]. (조애리, 강문순, 김진옥, 박종성, 유정화, 윤교찬, 최인환, 한애경 공역). 경기: 한울. (원저는 2004년에 출판).

Banich, M. T. (2009). 인지신경과학과 신경심리학. [*Cognitive neuroscience and neuropsychology 2/e*]. (김명선, 강은주, 강연옥, 김현택 공역). 서울: 시그마프레스. (원저는 2003년에 출판).

Benoist, L. (2006). 기호, 상징, 신화. [*Signes, symboles et mythes*]. (박지구 역). 경북: 경북대학교 출판부. (원저는 1991년에 출판).

Berger, J. (2012). 다른 방식으로 보기. [*Ways of seeing*]. (최민 역). 경기: 열화당. (원저는 1972년에 출판).

Bottini, M., & Grossman, S. (2005). Center-based teaching and children's learning: The effects of learning centers on young children's growth and development. *Childhood Education, 81*(5), 274-277.

Bresler, L., & Thompson, C. M. (2013). 유아예술교육. [*The arts in children's lives*]. (김상림, 김은심, 안효진, 황윤세, 강진주 공역). 서울: 정민사. (원저는 2002년에 출판).

Brugère, F. (2009). 아름다움이란 무엇일까? [*C'est trop beau*]. (정고미라 역). 서울: 웅진주니어. (원저는 2008년에 출판).

Bruner, J. (2005). 교육의 문화. [*The culture of education*]. (강현석, 이자현 공역). 서울: 교육과학사. (원저는 1996년에 출판).

Carr, N. G. (2011). 생각하지 않는 사람들. [*The shallows*]. (최지향 역). 서울: 청림출판. (원저는 2010년에 출판).

Connery, M. C., John-Steiner, V. P., & Marjanovic-Shane, A. (2015). 비고츠키와 창의성. [*Vygotsky and creativity*]. (조현희, 정영철 공역). 서울: 한국문화사. (원저는 2010년에 출판).

Crain, W. (2011). 발달의 이론. [*Theories of development: Concepts and applications, Forth Edition*]. (송길연, 유봉현 공역). 서울: 시그마프레스. (원저는 2000년에 출판).

Csikszentmihalyi, M. (2003). 창의성의 즐거움. [*Creaitvity: Flow and the psychology of discovery and invention*]. (노혜숙 역). 서울: 더난출판사. (원저는 1996년에 출판).

Csikszentmihalyi, M. (2004). Flow: 미치도록 행복한 나를 만나다. [*Flow: The psychology of optimal experience*]. (최인수 역). 서울: 한울림. (원저는 1990년에 출판).

Dahlberg, G., Moss, P., & Pence, A. (2007). 포스트모던 유아교육: 새로운 이해와 실천을 열어가기. [*Beyond quality in early childhood education and care: Postmodern perspectives*]. (김희연, 신옥순, 염지숙, 유혜령, 정선아 공역). 서울: 창지사. (원저는 1999년에 출판).

Damasio, A. (2007). 스피노자의 뇌: 기쁨, 슬픔, 느낌의 뇌과학. [*Looking for Spinoza: Joy, sorrow and the feeling brain*]. (임지원 역). 서울: 사이언스북스. (원저는 2003년에 출판).

Dewey, J. (2007a). 경험으로서의 예술. [*The art as experience*]. (이재언 역). 서울: 책세상. (원저는 1934년에 출판).

Dewey, J. (2007b). 민주주의와 교육. [*The democracy and education*]. (이홍우 역). 경기: 교육과학사. (원저는 1916년에 출판).

Dewey, J. (2010). 흥미와 노력: 그 교육적 의의. [*Interest and effort in education*]. (조용기 역). 대구: 교우사. (원저는 1913년에 출판).

Easterlin, R. A., & Angelescu, L. (2009). Happiness and economic growth: The evidence. *IZA Discussion Paper, 7187*, 1-30.

Eco, U. (2005). 미의 역사. [*Storia della Bellezza*]. (이현경 역). 서울: 열린책들. (원저는 2004년에 출판).

Edersheim, E. H. (2007). 피터 드러커, 마지막 통찰. [*The Definitive Drucker*]. (이재규 역). 서울: 명진출판사. (원저는 2006년에 출판).

Eisner, E. W. (1996). *Cognition and curriculum reconsidered* (2nd ed.). NY: Teachers College Press.

Feth, M. (2016). 행복한 청소부. [*Der Schilderputzer*]. (김경연 역). 서울: 풀빛. (원저는 1995년에 출판).

Frankl, V. E. (2005). 삶의 의미를 찾아서. [*The will to meaning: Foundations and applications of longtherapy*]. (이시형 역). 경기: 청아출판사. (원저는 1988년에 출판).

Fu, V. R., Stremmel, A. J., & Hill, L. T. (2006). 가르치기와 배우기-레지오 에밀리아 접근법의 협력적 탐구. [*Teaching and learning: Collaborative exploration of the Reggio Emilia approach*]. (김은희, 홍순옥, 임영심, 하정희, 황해익, 정수경, 이대균, 김경철, 유구종,

유경숙 공역). 서울: 창지사. (원저는 2001년에 출판).

Gardner, H. (1983). *Frames of mind: The theory of multiple intelligence*. NY: The Basic Books.

Geertz, C. (2009). 문화의 해석. [*The interpretation of cultures*]. (문옥표 역). 서울: 까치. (원저는 1973년에 출판).

Glenn, J. C., Gorden, T., 박영숙, & Florescu, E. (2011). 유엔미래보고서 2025. 서울: 교보문고.

Gluck, M. A., Myers, C. E., & Mercado, E. (2011). 학습과 기억: 뇌에서 행동까지. [*Gateway to memory: An introduction to neural network modeling of the Hippocampus and learning*]. (최준식, 김현택, 신맹식 공역). 서울: 시그마프레스. (원저는 2001년에 출판).

Goldstein, E. B. (2010). 감각과 지각. [*Sensation & perception*]. (김정오, 곽호완, 남종호, 도경수, 박권생, 박창호, 정상철 공역). 서울: 시그마프레스. (원저는 2007년에 출판).

Goleman, D. (1996). *Emotional intelligence: Why it can matter more than IQ*. London: Bloomsbury.

Gordon, M. (2010). 공감의 뿌리: 아이들 한 명 한 명이 세상을 바꾼다. [*Roots of empathy: Changing the world child by child*]. (문희경 역). 서울: 샨티. (원저는 2005년에 출판).

Greene, M. (1988). *The dialectic of freedom*. NY & London: Teachers College Press.

Greene, M. (2011). 블루 기타 변주곡. [*Variations on a blue guitar*]. (문승호 역). 서울: 다빈치. (원저는 2001년에 출판).

Hamel, G., & Breen, B. (2009). 경영의 미래. [*The future of management*]. (권영설, 김종식, 신희철 공역). 서울: 세종서적. (원저는 2008년에 출판).

Harari, Y. N. (2015). 사피엔스. [*Sapiens*]. (조현욱 역). 경기: 김영사. (원저는 2011년에 출판).

H'Doubler, M. N. (2004). 창조적 경험으로서의 춤. [*Dance: A creative art experience*]. (성미숙 역). 서울: 현대미학사. (원저는 1957년에 출판).

Huizinga, J. (2010). 호모 루덴스: 놀이하는 인간. [*Homo ludens: A study of the play-element in culture*]. (이종인 역). 경기: 연암서가. (원저는 1938년에 출판).

Hunter, R. (2002). 유비쿼터스. [*World without secrets: Business, crime and privacy in the age of ubiquitous computing*]. (윤정로, 최장욱 공역). 서울: 21세기북스. (원저는 2002년에 출판).

Jary, D., & Jary, J. (1991). *The Harper Collins dictionary of sociology*. New York: Harper Collins.

Jensen, R. (2014). 드림소사이어티: 꿈과 감성을 파는 사회. [*Dream society*]. (서정환 역). 서울: 리드리드출판(한국능률협회). (원저는 1999년에 출판).

Jourdain, R. (2008). 음악은 왜 우리를 사로잡는가. [*Music, the brain, and ecstasy: How music captures our imagination*]. (최재천, 채현경 공역). 경기: 궁리. (원저는 1997년에 출판).

Kant, I. (2014). 아름다움과 숭고함의 감정에 관한 고찰. [*Observations on the feeling of the beautiful and sublime*]. (이재준 역). 서울: 책세상. (원저는 1764년에 출판).

Kaplan, J. (2016). 인간은 필요없다: 인공지능시대의 부와 노동의 미래. [*Human need not apply*]. (신동숙 역). 서울: 한스미디어. (원저는 2015년에 출판).

Lindstrom, M. (2017). 스몰데이터: 빅데이터도 말하지 못하는 고객행동에 관한 놀라운 진실. [*Small data: The tiny clues that uncover huge trends*]. (최원식 역). 서울: 로드북. (원저는 2016년에 출판).

McEwan, H., & Egan, K. (2017). 내러티브와 교육: 교과교육으로의 여행. [*Narrative in teaching, learning, and research*]. (강현석, 김영은, 이지은, 배은미, 경북대교육과정연구회번역팀 공역). 경기: 양서원. (원저는 1995년에 출판).

Naisbitt, J., & Aburdene, P. (1997). 메가트랜드 2000. [*Megatrends 2000*]. (김홍기 역). 서울: 한국경제신문사. (원저는 1990년에 출판).

OECD (2002). Definition and selection of key competencies(DeSeCo): Theoretical and conceptual foundations-strategy paper. Paris, France: OECD.

OECD (2004). Five curriculum outlines, starting strong: Curricula and pedagogies in early childhood education and care. Paris: OECD Pub.

OECD (2012). Starting strong III: A quality toolbox for early childhood education and care. Paris, France: OECD.

OECD (2018). The future of education and skills: Education 2030.

Osborn, A. F. (1963). Applied imagination: Principles and processes of creative problem-solving. New York: Charles Scribner's Sons.

Parsons, M., Johnston, M., & Durham, R. (1978). Developmental stages in children's aesthetic responses. *Journal of Aesthetic Education*, *12*(1), 83-104.

Piaget, J. (1954). The origins of intelligence in the child. New York: Basic.

Pink, D. (2012). 새로운 미래가 온다. [*A whole new mind*]. (김명철 역). 서울: 한국경제신문. (원저는 2005년에 출판).

Ramachandran, V. S. (2006). 뇌는 어떻게 세상을 보는가. [*The emerging mind*]. (이충 역). 서울: 바다. (원저는 2003년에 출판).

Rifkin, J. (2010). 공감의 시대. [*The empathic civilization*]. (이경남 역). (원저는 2009년에 출판).

Root-Bernstein, R., & Root-Bernstein, M. (2001). *Sparks of genius: The thirteen thinking tools of the word's most creative people*. Wilmington: Mariner Books.

Rosenzweig, P. (2014). 올바른 결정은 어떻게 하는가: 모두를 살리는 선택의 비밀. [Left brain, right stuff: How leaders make winning decisions]. (김상겸 역). 경기: 엘도라도. (원저는 2014년에 출판).

Rychen, D. S., Tiana, A., & Ferrer, A. T. (2004). Developing key competencies in education: some lessons from international and national experience. United Nations Education, Scientific & Cultural Organization.

Schiller, F. F. (2015). 미학편지. [*Briefe uber die asthetische Erziehung des Menschen*]. (안인희 역). 서울: 휴머니스트. (원저는 1795년에 출판).

Schwarcz, H. J., & Schwarcz, C. (1991). *The picture book comes of age*. Illinois: American Library Association.

Schwartz, S. L., & Robinson, N. F. (1982). *Designing curriculum for early childhood*. Boston: Allyn & Bacon.

Simpson, J. W., Delaney, J. M., Carroll, K., Hamilton, C. M., Kerlvavge, M. S., Kay, S. I., & Olson, J. L. (2011). 예비 미술교사를 위한 창의 교육. [*Creating meaning through art: Teacher as choice maker*]. (김세은 역). 서울: 미진사. (원저는 1998년에 출판).

Soesman, A. (2009). 영혼을 깨우는 12감각. [*De twaalf zintuigen Leraren van de mensheid*]. (서영숙 역). 경기: 섬돌출판사. (원저는 2007년에 출판).

Sternberg, R. J. (2005). 인지심리학. [*Cognitive psychology, 3rd ed*]. (김민식, 손영숙, 안서원 공역). 서울: 박학사. (원저는 2003년에 출판).

Tylor, E. B. (1974). *Primitive culture: Researches into the development of mythology, philosophy, religion, art, and custom*. Vol. 1. London: John Murray.

UNESCO (2002). UNESCO Education Sector, The Plurality of Literacy and its implications for Policies and Programs: Position Paper. Paris: United National Educational, Scientific and Cultural Organization, 2004, p. 13, citing a international expert meeting in June 2003 at UNESCO. (http://unesdoc.unesco.org에서 2014년 9월 9일 인출)

UNESCO (2004). UNESCO Education Sector, The Plurality of Literacy and its implications for Policies and Programs: Position Paper. Paris: United National Educational, Scientific and Cultural Organization, p. 13, citing a international expert meeting in June 2003 at UNESCO. (http://unesdoc.unesco.org/images/0013/001362/136246e.pdf에서 2017년 5월 13일 인출)

Waber, B. (2015). 구글은 빅데이터를 어떻게 활용했는가. [*People analytics: How social technology will transform business and what it tells us about the future of work*]. (배충효 역). 서울: 북카라반. (원저는 2013년에 출판).

White, M. (2003). 톨킨, 판타지의 제왕. [*Tolkien: A biography*]. (김승옥 역). 서울: 작가정신. (원저는 2001년에 출판).

Williams, J. E. (1976). *Keywords: A vocabulary of culture and society*. New York: Oxford University Press.

Williams, R. (1981). *Keywords: A vocabulary of culture and society*. London: Fontana Paperbacks.

Wortham, S. C. (2010). 유아교육과 평가: 형식적 평가와 비형식적 평가의 균형 잡힌 활용. [*Assessment in early childhood education*]. (이진희, 최미숙, 황윤세 공역). 경기: 정민사. (원저는 2008년에 출판).

〈인터넷 자료〉
경북일보(2017). http://m.kyongbuk.co.kr, '닭' 그림 검색, 2017년 7월 20일 인출.
교육부(2015). http://www.moe.go.kr, '창의융합형 인재' 검색, 2015년 12월 30일 인출.
구글(2018). https://www.google.co.kr, '공감' 검색, 2018년 2월 1일 인출.
국가법령정보센터(2015). http://www.law.go.kr, '문화예술교육진흥법' 검색, 2015년 7월 15일 인출.
국가법령정보센터(2017a). http://www.law.go.kr, '문화다양성의 보호와 증진에 관한 법률' 검색, 2017년 12월 30일 인출.
국가법령정보센터(2017b). http://www.law.go.kr, '문화예술교육지원법' 검색, 2017년 7월 21일 인출.
국립국어원(2014a). http://stdweb2.korean.go.kr, '내러티브' 검색, 2014년 12월 14일 인출.
국립국어원(2014b). http://stdweb2.korean.go.kr, '이야기' 검색, 2014년 12월 14일 인출.
국립국어원(2015). http://stdweb2.korean.go.kr, '문화' 검색, 2015년 7월 10일 인출.
국립국어원(2017). http://stdweb2.korean.go.kr, '문화예술' 검색, 2017년 7월 28일 인출.
국립국어원(2018). http://stdweb2.korean.go.kr, '예술' 검색, 2018년 1월 3일 인출.
글로벌 세계 대백과사전(2015). https://namu.wik, '문화' 검색, 2015년 7월 10일 인출.
나우뉴스(2017). http://nownews.seoul.co.kr, 2017년 7월 20일 인출.
네이버 사전(2015). http://endic.naver.com, '문해' 검색, 2015년 5월 29일 인출.
두피디아(2015). http://www.doopedia.co.kr, '상징' 검색, 2015년 8월 1일 인출.
생활법령정보(2018). http://easylaw.go.kr, '행복추구권' 검색, 2018년 7월 30일 인출.
위키낱말사전(2017). https://ko.wiktionary.org, '상상' 검색, 2017년 8월 4일 인출.
위키피디아(2014a). https://ko.wikipedia.org, '상징' 검색, 2018년 7월 18일 인출.
위키피디아(2014b). https://ko.wikipedia.org, '이야기' 검색, 2014년 7월 3일 인출.
위키피디아(2015a). https://ko.wikipedia.org, '문화' 검색, 2015년 7월 18일 인출.
위키피디아(2015b). https://ko.wikipedia.org, '상징' 검색, 2015년 7월 10일 인출.
위키피디아(2015c). https://ko.wikipedia.org, '시각' 검색, 2015년 7월 10일 인출.
위키피디아(2015d). https://ko.wikipedia.org, '운동감각' 검색, 2015년 7월 10일 인출.
위키피디아(2017a). https://ko.wikipedia.org, '그림책' 검색, 2017년 7월 18일 인출.
위키피디아(2017b). https://ko.wikipedia.org, '문화' 검색, 2017년 7월 18일 인출.
위키피디아(2017c). https://ko.wikipedia.org, '문화예술' 검색, 2017년 7월 28일 인출.
위키피디아(2017d). https://ko.wikipedia.org, '앎의 개념' 검색, 2017년 3월 5일 인출.
위키피디아(2017e). https://ko.wikipedia.org, '애니메이션' 검색, 2017년 7월 18일 인출.
위키피디아(2017f). https://ko.wikipedia.org, '예술' 검색, 2017년 7월 18일 인출.
위키피디아(2017g). https://ko.wikipedia.org, '의사소통' 검색, 2017년 7월 10일 인출.
위키피디아(2018). https://ko.wikipedia.org, '이성' 검색, 2018년 2월 2일 인출.
이글루(2015). http://egloos.zum.com, '톨킨' 검색, 2015년 2월 11일 인출.

〈내용〉

최윤정(Choi, Yun-jung)

이화여자대학교 유아교육과 학사, 석사, 박사
전 낙원유치원 교사
　교육부 유아교육 5개년 발전계획수립 정책연구진(제1차), TF 위원(제2차)
현 강릉원주대학교 유아교육과 교수

〈주요 저서 및 논문〉
『유아를 위한 교수-학습방법론』(2판, 공저, 양서원, 2003)
『에듀드 감성교육: 어린이 문화 예술 교육』(공저, 꼬망세, 2018)
「OECD의 최적의 학습 준거에 근거한 3-5세 연령별 누리과정의 교수 · 학습방법 분석」(2014)
「스웨덴의 국가수준 유아학교 교육과정에 나타난 발달과 학습의 의미」(2014)

E-mail: water@gwnu.ac.kr

안소영(An, So-young)

숙명여자대학교 아동복지학과 학사, 교육대학원 유아교육전공 석사, 아동복지학과 박사
전 숙명여자대학교 아동연구센터 유아원, 서울대학교 생활과학대학 어린이집 교사,
　국립목포대학교 아동학과 조교수
현 인덕대학교 사회복지학과 조교수

〈주요 저서 및 논문〉
『프로젝트 중심 통합적 유아교육과정』(공저, 양서원, 2000)
『보육과정』(공저, 공동체, 2017)
「유아교육기관에서의 아동권리 경험에 대한 아동의 인식연구」(2013)

E-mail: ansy7@induk.ac.kr

최수경(Choi, Soo-kyung)

이화여자대학교 유아교육과 학사, 석사, 박사
전 올림픽유치원 교사, 문정어린이집 원장
현 수원과학대학교 아동보육과 조교수

〈주요 저서 및 논문〉
『영아 교사를 위한 부모상담 실제』(공저, 양서원, 2015)
『서울시 국공립어린이집 컨설팅: 소통과 협력을 위한 셀프컨설팅』(공저, 서울특별시, 서울육아종합지원센터, 2017)
「Process-oriented algorithm entrepreneurship curriculum design」(2016)

E-mail: csk@ssc.ac.kr

저자 공동 논문

놀이중심의 유아교육: 유치원에서 하루 종일 놀이에 몰입하도록 지원하기(2009)
'의좋은 형제' 그림책에 나타난 문화적 상징 읽기(2009)
만5세 유아의 그림책 읽기의 재미에 관한 문화기술적 연구(2016)
영아 몸짓의 의미(2016)
샛별유치원 부모참여수업의 의미 탐색(2017)

문화문해교육 시리즈 1

영유아 문화문해교육의 이해
Understanding of Cultural Literacy Education for Young Children

2019년 3월 20일 1판 1쇄 인쇄
2019년 3월 30일 1판 1쇄 발행

지은이 • 최윤정 · 안소영 · 최수경
펴낸이 • 김진환
펴낸곳 • (주) 학지사
04031 서울특별시 마포구 양화로 15길 20 마인드월드빌딩
대표전화 • 02)330-5114 팩스 • 02)324-2345
등록번호 • 제313-2006-000265호

홈페이지 • http://www.hakjisa.co.kr
페이스북 • https://www.facebook.com/hakjisa

ISBN 978-89-997-1781-9 93370

정가 16,000원

이 도서의 국립중앙도서관 출판시도서목록(CIP)은 서지정보유통지원시스템 홈페이지(http://seoji.nl.go.kr)와 국가자료공동목록시스템(http://www.nl.go.kr/kolisnet)에서 이용하실 수 있습니다.
(CIP 제어번호: CIP2019007276)